# MULHERES PODEROSAS

Histórias inspiradoras de empreendedorismo feminino

COORDENAÇÃO EDITORIAL
SIMONE S. SANTOS

# MULHERES PODEROSAS

## Histórias inspiradoras de empreendedorismo feminino

Literare Books
INTERNATIONAL
BRASIL •EUROPA •USA •JAPÃO

**PRESIDENTE DO CONSELHO**
Maurício Sita

**PRESIDENTE**
Alessandra Ksenhuck

**VICE-PRESIDENTES**
Cláudia Pires e Julyana Rosa

**DIRETORA DE PROJETOS**
Gleide Santos

**CONSULTORA DE PROJETOS**
Amanda Leite

**COORDENADORA EDITORIAL**
Amanda Moura

**EDITORES**
Anselmo Teixeira de Vasconcelos e Enrico Giglio de Oliveira

**ASSISTENTES EDITORIAIS**
Emerson Xavier, Júlia Almeida e Lui Navarro

**REVISORAS**
Gabriele Lima e Margot Cardoso

**CAPA E DESIGN EDITORIAL**
Lucas Yamauchi

**DIAGRAMAÇÃO**
Luargraf e Ana Paula Nunes Medeiros

**IMPRESSÃO**
Printi

**Dados Internacionais de Catalogação na Publicação (CIP)**
**(Câmara Brasileira do Livro, SP, Brasil)**

Mulheres poderosas : histórias inspiradoras de empreendedorismo feminino / [organização Simone S. Santos]. -- São Paulo : Literare Books International, 2024.

Várias autoras.
ISBN 978-65-5922-987-1

1. Empreendedores 2. Empreendedorismo 3. Mulheres empresárias 4. Relatos pessoais 5. Sucesso 6. Superação - Histórias de vida I. Santos, Simone S.

24-232639 CDD-658

**Índices para catálogo sistemático:**

1. Empreendedoras : Sucesso em negócios : Administração de empresas 658

Eliete Marques da Silva - Bibliotecária - CRB-8/9380

**LITERARE BOOKS INTERNATIONAL LTDA.**

Alameda dos Guatás, 102
Vila da Saúde – São Paulo, SP. CEP 04053-040
+55 11 2659-0968 | www.literarebooks.com.br
contato@literarebooks.com.br

FSC www.fsc.org
MISTO
Papel | Apoiando o manejo florestal responsável
FSC® C196274

# SUMÁRIO

# APRESENTAÇÃO

# Sarah Andrade

Nascida em Brasília, é neurocientista, influenciadora, comunicadora e empresária. Desde jovem, demonstra grande aptidão por tudo que envolve comunicação, estudando e querendo saber mais sobre diversos assuntos.
Pós-graduada em Neurociência e Comportamento Humano, sempre salienta sua vontade e empolgação em aprofundar-se no tema. Estuda o assunto desde os 15 anos de idade, inicialmente com o propósito de entender as coisas que aconteciam em sua infância/adolescência, usando até hoje esses conhecimentos para atingir o estágio atual de sua carreira. Esteve à frente de grandes marcas em sua trajetória profissional, e, como executiva de marketing de uma multinacional, chegou a aumentar a voz das mulheres em 70%, recebendo diversos prêmios, com sua equipe sendo campeã de quatro das cinco campanhas em que estavam presentes. Chegou a trabalhar em grandes empresas, como Odebrecht, Souza Cruz e Heineken. Para seu novo curso, "Mente Singular", que trata-se de um projeto sobre autoconhecimento e estudo da mente humana, visando mostrar ao seu público como aplicar esses conhecimentos nas mais diversas áreas da vida, preparou um material com aulas práticas, exercícios e um novo método, produzido por ela e sua equipe, que aborda a funcionalidade da mente humana. Além desse novo projeto, também está à frente de uma marca de acessórios, que leva o nome de "Ouse" e tem como propósito o empoderamento feminino. Como comunicadora e empresária, deu início ao projeto "Mulheres no Topo", uma produção audiovisual na qual mulheres foram entrevistadas com o intuito de mostrar a força delas no cenário do empreendedorismo.
Em 2024, tornou-se sócia de uma agência de mídia e entretenimento, chamada "Z Content", colocando em prática todo o conhecimento adquirido na área. Sarah sempre foi uma menina/mulher com grandes desejos e ambições e acredita que podemos conquistar todos os nossos sonhos.

Não há nada mais admirável e poderoso do que uma mulher que conhece seu valor, se orgulha de quem é e não teme ser autêntica e singular.

Sinto-me profundamente honrada em fazer parte de uma obra que vai além de compartilhar histórias; ela destaca as realizações de mulheres ousadas e corajosas que transformaram suas vidas e continuam a impactar profundamente todos ao seu redor.

Este livro reúne narrativas inspiradoras de mulheres que, diante dos desafios, escolheram ser fiéis a si mesmas. Cada relato é um testemunho do poder transformador da autoaceitação e da determinação em seguir o próprio caminho. Mais do que meras histórias, essas experiências são convites para refletir sobre o que significa ser verdadeiramente você, incentivando todas as mulheres a abraçarem sua própria grandeza.

*Mulheres poderosas* é uma celebração da diversidade feminina e uma fonte de inspiração para quem deseja viver com plenitude e autenticidade. É um tributo àquelas que desafiam expectativas, vivem suas verdades e inspiram outras a fazerem o mesmo.

# PREFÁCIO

# Fernanda Sixel

Casada, mãe, avó, pedagoga formada pela Universidade Federal Fluminense (UFF), designer de interiores, presidente da Ação da Mulher Trabalhista (AMT), em Niterói, gestora municipal, coordenadora de política de gênero da Secretaria Municipal de Educação de Niterói e conselheira municipal de política para mulheres. Primeira-dama de Niterói.

Ao ser convidada para prefaciar este livro, com diferentes vozes, histórias e vidas femininas, me senti honrada e conectada. E por que falo de conexão? Pela definição do dicionário, conectar é unir fios, ligar cabos... Mas conectar-se é ir além. É estabelecer uma relação com o outro, é sentir o outro, construindo os sentimentos de pertencimento e empatia.

Ao ler as histórias destas mulheres poderosas, Ayla, Patrycia, Amanda, Fernanda, Vanessas, Rane, Katia, Suzana, Andrea, Márcia, Diana e Dulce, me conectei, me percebi na história delas e, o melhor: pude senti-las e me emocionar. Convido você a se conectar com elas também! Aqui, você não encontrará um livro de princesas resgatadas pelos belos príncipes, mas histórias de mulheres reais que enfrentaram dificuldades em suas caminhadas, com suas dores que são comuns a tantas mulheres. Encontraremos relatos de abuso infantil, de machismo e silenciamentos, de condições precárias de vida, de inseguranças, dúvidas e medos, mas também páginas recheadas de afetos, superação, resiliência, fé e conquistas, pois, como nos ensina Maya Angelou: "as coisas que aconteceram comigo podem me mudar, mas me recuso a permitir que elas me reduzam". E Maya está certíssima!

Cada mulher de verdade – como Simone Santos define a MULHER PODEROSA que nos brindou com seu relato – se modificou, se transformou em uma versão melhor de si mesma! Elas se mantiveram em movimento, assim como a Vanessa, que disse: "sempre estive em movimento para alcançar meus sonhos, a pé, de trem, de ônibus, ou como fosse!", e que, com suas viradas de balde, chegou até aqui se equilibrando nos papéis de mãe e empreendedora de sucesso. A caminhada é pessoal e cada uma dita o ritmo e a direção.

No caso da Katia, ela está se "desapegando de tudo aquilo que não é essencial" para se abrir a uma nova fase, mergulhando dentro de si mesma. Autenticidade! Andrea, hoje, relata que apesar do "salto 10, da bolsa superpoderosa, do currículo e da preparação acadêmica", ela viveu e presenciou situações de violência velada, silenciosa, estratégica. Cenas de total desrespeito, prática machista e misógina em seu ambiente de trabalho, que a levaram a adotar posturas duras para conquistar seu espaço, aprendendo a se posicionar e ter voz firme em um ambiente masculino, que cerceia e rotula as mulheres. E seguiu afirmando que é preciso buscar a nossa identidade pessoal, nosso crescimento pessoal.

Uma leitura se encaixa na outra, e posso enxergar a Fernanda incentivando você com sua voz e escrita, ao afirmar que "quando você se abre para o novo, para a possibilidade de aprender, se abre uma porta de possibilidade de ser várias em uma. E essa oportunidade te dá asas(...) e a liberdade de ser quem quiser ser!". Liberdade! Outra palavra poderosa! Costumo dizer que liberdade tem a ver com consciência. Se suas ações são conscientes e de acordo com seus desejos e sonhos, não existe modelo a ser seguido. Ayla passou por várias vivências e percebeu que, para ser uma líder, "era preciso saber escutar o dito e o não dito", era preciso servir, fazer a parte dela. E a Márcia fez a parte dela, quando decidiu "tomar a sua própria história".

O ponto de partida é pessoal, até porque não partimos do nada, carregamos a força e a sabedoria de outras mulheres presentes em nossas vidas. São mães, avós, filhas, mulheres que caminham irmanadas pela força e pelo tempo, mesmo que em diferentes dimensões. Percorrer os textos da Diana e da Vanessa é conectar-se com esse porto seguro que deveria ser a família, com seus aromas, afetos, sons e sonhos compartilhados. Porque, quando chega o momento em que o desânimo bate e nada parece sair como o planejado, o importante é saber quem caminha lado a lado! Quem a motiva e a inspira, o que importa na vida! Para Dulce, "a maternidade sempre foi o espaço para os verdadeiros significados sobre a vida"; e que ensinamento recebemos ao ler os textos da Patrycia e sua filha Amanda, que conseguiram, justo na fase mãe-mico, extrair a cumplicidade e a conexão, porque, no fundo, é sobre o tempo juntas! Não tem mistério! E eu afirmo, porque meu segundo neto está chegando: melhor que mãe, só uma avó! Que delícia e aconchegante imaginar o rosto da avó da Suzana, a Dona Juraci, com sua sabedoria de saber rir de si mesma... Afinal, o que somos nós sem nossa ancestralidade?

Gratidão, queridas autoras, por todas as palavras! Aos leitores, leiam e releiam essas mulheres poderosas, pois saibam que elas chutam o balde e estão prontas a assumir os riscos de empreender, os desafios do viver, com a certeza de que, como diz Suzana: "Apesar da desesperança(...), o sussurrar a beleza da vida precisa emergir como se fosse para falar: VOCÊ TEM QUE SER FELIZ, SIM SENHORA!".

# 01

# A FORÇA E O PODER FEMININOS

Simone S. Santos abre este livro com o capítulo "A força e o poder femininos" e nos convida a refletir sobre a pergunta: o que é uma mulher poderosa? Assim, mostra que a força e o poder femininos estão para além de a mulher ser uma super-heroína que supera as adversidades sem se abalar.

SIMONE S. SANTOS

# Simone S. Santos

É pedagoga, palestrante e mestre em educação, com ampla experiência em liderança de equipes. Fundou a Conectacom Desenvolvimento Humano, que promove experiências significativas e amplia resultados, por meio de imersões e da ambientação de equipes dentro de núcleos empresariais. Com a forte missão de empoderar indivíduos e transformar organizações, utiliza metodologias inovadoras, estimulantes e eficazes. Expert em empoderamento feminino, por meio da mentoria de liderança feminina, dedica-se a capacitar mulheres, ajudando-as a se tornarem líderes respeitadas e a ampliar o desempenho dos seus negócios. Seu trabalho promove crescimento contínuo, além de inclusão e diversidade, ao criar um impacto positivo e duradouro em todas as organizações com as quais colabora.

---

**Contatos**
conectacomdh@gmail.com
Instagram: @simonesantosescritora
@conectacomdh
LinkedIn: Simone S. Santos
21 96432 2359

*Toda mulher é poderosa por natureza, nasceu para ser feliz e poder viver em fluxo de abundância.*
SIMONE S. SANTOS

Abrirei este livro respondendo a uma pergunta que já me foi feita inúmeras vezes: "Por que escrever um livro focado, exclusivamente, em mulheres?". Tenho trabalhado predominantemente com mulheres há mais de 30 anos, principalmente no campo da educação. No entanto, foi ao começar a empreender e atuar com mentorias, palestras e treinamentos na área do desenvolvimento humano que percebi a profundidade da opressão sofrida pelas mulheres brasileiras ainda no novo milênio.

Ao longo do meu trabalho, deparei-me com histórias de luta, desafios e, muitas vezes, humilhações que as mulheres enfrentam em nosso país. Foi, então, que percebi a importância do meu papel e a necessidade de compartilhar essas experiências de superação com outras mulheres, ajudando-as a se libertar dos paradigmas sociais e culturais, especialmente no ambiente de trabalho.

Precisamos fortalecer as vozes femininas, pois, em 2024, ainda existem milhares, senão milhões, de mulheres brasileiras vivendo oprimidas e aprisionadas em seus lares. Mulheres que não têm acesso à educação; que não podem atender seus próprios celulares; que só podem sair para fazer compras, ir ao médico ou acompanhar os filhos à escola sob a vigilância de seus parceiros ou parceiras cuja verdadeira intenção é controlar.

Ainda é necessário ampliar as vozes femininas e conscientizar sobre direitos e potenciais. Por isso, precisamos de livros como este, que, além de narrar histórias de superação, ofereçam apoio, encorajamento e informação, servindo como faróis para aquelas que vivem nas sombras da opressão.

## O que é uma mulher poderosa?

Li, certa vez, que "poderosa é a mulher que não se abala com as adversidades". Essas frases de efeito muitas vezes imputam em nós uma exigência de resistência sobre-humana de sorrir quando se quer chorar e de não parar quando seu corpo pede uma pausa. Nós podemos nos abalar sim, podemos pedir ajuda, chorar, resistir e, principalmente, fortalecer umas às outras.

Para mim, toda mulher é poderosa, porém algumas apenas esquecem seu poder. Os relacionamentos abusivos, as amizades tóxicas, as humilhações sofridas e os reveses da vida fazem com que as mulheres se vejam de forma muito inferior do que realmente são.

É desafiador escrever sobre o tema, porque muitas vezes não nos reconhecemos poderosas. E quem define o que é ser poderosa? Que poder é esse a que tanto almejamos? Será que desejamos nos tornar a Mulher-Maravilha?

Minha vida é marcada por altos e baixos, como a de toda mulher. Cresci acreditando que, por meio do estudo, poderia alcançar o que quisesse. E eu queria muitas coisas, tinha grandes e ousados sonhos.

Nascer preta e pobre não é um dos melhores cenários em nosso país. Mas aprendi desde muito cedo que, com muito estudo e trabalho árduo, eu poderia alcançar os sonhos que desejasse. Mas eu poderia ser tudo, desde que fosse professora primeiro, afinal: "Filha de pobre tem que ser professora, porque, para professora, nunca falta emprego". Diziam-me constantemente. E, assim, eu fiz.

Eu aprendi, desde pequena, que tinha que trabalhar **muito** para conquistar meus sonhos, me formar, ter um emprego e dar uma casa para a minha mãe. Depois, entendi que tinha que ser uma boa mãe, e isso inclui dar a meus filhos tudo o que não tive: a melhor escola, as maiores festas, passeios, mochilas de personagens e tudo o que a sociedade do consumo nos estimula a desejar. E eu nunca perguntei a eles o que realmente queriam.

Muitas vezes, me esqueci de cuidar de mim na correria de cuidar e agradar a todos. Ao me preocupar com todos, fui me deixando em último lugar. Muitas vezes, eu me via dizendo "sim" e, depois, ficava com muita raiva, porque não conseguia dizer "não". E, por vezes, o "sim" a outrem é um grande "não" para nós mesmas.

Ainda hoje, adulta, formada, escritora e empresária, me pego querendo caber na forma dos outros para ser querida, aceita e aprovada. Sim, eu também passo por isso. Não preciso, mas as feridas da criança abandonada pelo pai, vira e mexe, insistem em ressurgir, buscando por aprovação dos outros. Mulheres poderosas também têm suas vulnerabilidades.

## Ser poderosa não é ser Mulher-Maravilha

*Em vez de vivermos de julgamentos e críticas, devemos ousar, aparecer e deixar que nos vejam. Isso é a coragem de ser imperfeito! Isso é viver com ousadia!*

BRENÉ BROWN

Quisera eu que minha vida fosse somente as cenas bonitas publicadas nas redes sociais, mas tenho medo e insegurança que não conto a ninguém. Noites maldormidas e crises de ansiedade, como muitas mulheres. Tenho preocupações, sonhos, desejos e muita, muita esperança de que minha voz e minha força possam inspirar outras mulheres.

Sim, eu me considero uma mulher forte, mas comecei falando sobre as minhas vulnerabilidades para desconstruir a ideia de que mulher poderosa é aquela que vence todas as batalhas de peito aberto, sem esmorecer. Não! A mulher poderosa é a mulher de verdade, aquela que tem coragem de enfrentar seus medos, viver seu propósito e ir em busca de seus objetivos.

Toda mulher é poderosa. A ela foi dado o dom de gerar outra vida. Quer poder maior? E este livro é um lembrete para que cada mulher redescubra e aumente seu poder.

Ser uma mulher poderosa vai muito além do que as aparências e os estereótipos podem sugerir. É um estado de ser que reside profundamente na essência de cada mulher, esperando para ser reconhecido e abraçado. É uma força que transcende as barreiras impostas pela sociedade e se manifesta nas pequenas e grandes ações do dia a dia.

Uma mulher poderosa é aquela que conhece seu valor, mesmo quando o mundo insiste em diminuí-lo. Ela entende que seu poder não está em se conformar com as expectativas alheias, mas em traçar o próprio caminho com coragem e determinação. Tal força pode ser vista na mãe que, muitas vezes sozinha, concilia carreira, afazeres domésticos e cuidado com os filhos; na profissional que enfrenta desafios em seu trabalho e obstáculos com resiliência; na jovem estudante que luta por seus sonhos e objetivos com garra e coragem.

Inspirada por pensadoras como bell hooks, Chimamanda Ngozi Adichie, Conceição Evaristo, Djamila Ribeiro, Lélia Gonzalez, Simone de Beauvoir, Sueli Carneiro e tantas outras, a mulher poderosa é aquela que se apropria do seu lugar no mundo, que reconhece a importância da igualdade de gênero, da inclusão e da justiça social e que não hesita em levantar sua voz contra as injustiças. Seu poder está na sua capacidade de se reinventar, de lutar por seus direitos e de inspirar outras mulheres a fazerem o mesmo.

Ser uma mulher poderosa é lembrar-se da força que habita em seu interior. É reconhecer que, embora a jornada possa ser difícil, cada passo dado em direção à realização de seus sonhos é uma vitória. É entender que seu poder está, muitas vezes, nas pequenas vitórias cotidianas, na persistência diante das adversidades e na capacidade de se (re)erguer mesmo quando tudo parece desmoronar.

Como filha de uma empregada doméstica que lutou, arduamente, para me proporcionar oportunidades, aprendi, desde cedo, que o poder feminino é construído com base no esforço, na educação e na coragem de desafiar o *status quo*. Minha trajetória, que me levou do funcionalismo público ao empreendedorismo, é uma prova de que o poder feminino reside na capacidade de se adaptar, de se reinventar e de seguir em frente, independentemente dos obstáculos.

Neste livro, *Mulheres poderosas*, celebramos histórias de força, resiliência e transformação. Aqui, reunimos experiências de profissionais de diversas áreas que, com suas vozes, nos mostram que ser poderosa é, acima de tudo, ser fiel a si mesma. É reconhecer o poder que cada uma de nós possui e usá-lo para construir um mundo mais humano, justo e igualitário.

Ser uma mulher poderosa é um ato de resistência e afirmação. É uma jornada contínua de autodescoberta e empoderamento. Um privilégio poder compartilhar essas histórias e aprender com elas, inspirando cada vez mais mulheres a reconhecer e a abraçar o próprio poder.

## Estratégias para se sentir uma poderosa

Ser uma mulher poderosa não é uma questão de conquistas externas, é questão de crescimento interno e autoconfiança. A seguir, apresentarei cinco estratégias que podem ajudá-la a se sentir ainda mais poderosa, autêntica e realizada.

### *1. Seja você mesma*

*Temos um mundo cheio de mulheres que não conseguem respirar livremente, porque estão condicionadas demais a assumir formas que agradem aos outros.*
CHIMAMANDA NGOZI ADICHIE

Vivemos em um mundo que tenta nos moldar com expectativas externas, mas a autenticidade é uma força poderosa dentro de cada uma de nós. Pare de se diminuir para se encaixar em padrões alheios; forçar-se a ser algo que somente lhe causa sofrimento. Reconheça e valorize seu potencial, sua história e suas conquistas. Quando abraçamos nossa autenticidade, nos libertamos das amarras da aprovação externa e encontramos paz e felicidade na aceitação e no amor-próprio. Celebre quem é e seja você mesma sempre. **Sua autenticidade tem muita força.**

### *2. Aprenda a se priorizar*

*Não dá para agradar o mundo. Ou a gente se agrada, desagradando alguns. Ou a gente adoece, agradando a todos. Não se culpe por se priorizar.*
AMANDA LANTIÊ

Vivemos em uma sociedade que nos ensina a priorizar os outros, muitas vezes às custas da própria felicidade. Aprender a se priorizar não é egoísmo, mas autocuidado e amor-próprio; é reconhecer que você merece atenção e respeito. Dizer "não" sem culpa é essencial para quem sabe se priorizar. Afaste-se de pessoas tóxicas, seja gentil consigo mesma e reconheça seu valor. Pratique o autocuidado em todas as dimensões e cerque-se de pessoas que respeitam sua decisão. **Priorize-se; quando você melhora, o mundo a sua volta melhora e todo mundo se beneficia.**

### *3. Tenha sonhos, objetivos e metas pessoais*

*O grande segredo da vida é que não há nenhum grande segredo. Seja qual for o seu objetivo, você pode chegar lá se estiver disposto a trabalhar.*
OPRAH WINFREY

A vida nos oferece inúmeras possibilidades e a chave para desbloquear nosso potencial é estabelecer objetivos e metas pessoais. Pense sobre o que realmente a motiva e inspira, garantindo que seus sonhos reflitam suas paixões. A jornada para alcançar seus objetivos pode ser desafiadora, mas mantenha o foco e a determinação, encarando as dificuldades como oportunidades de crescimento. Lembre-se: mulher poderosa tem objetivos e trabalha com paixão e fé para alcançá-los. **Você pode chegar lá, basta estar disposta a trabalhar para isso.**

### *4. Se optar pela maternidade, eduque seus filhos com consciência*

*Por favor, não acredite na ideia de que maternidade e trabalho são mutuamente excludentes.*
CHIMAMANDA NGOZI ADICHIE

A maternidade é uma jornada desafiadora que exige educar com consciência para formar pessoas empáticas, solidárias e independentes. Em vez de focar em bens materiais, ensine valores como amor, respeito e empatia; promova autoestima e autoconfiança, permitindo que seus filhos explorem suas paixões e aprendam com seus erros. A educação deve também abraçar a diversidade e combater preconceitos. E se você escolher não ter filhos, apoie e aconselhe pais e mães a adotarem essas práticas, pois promover a igualdade é responsabilidade de todos. Ao plantar sementes de compreensão e respeito, você contribui para um futuro mais justo e acolhedor. **Vamos, juntos, construir um mundo melhor**.

### *5. A importância de participar de coletivos femininos*

*Sozinhos, pouco podemos fazer; juntos,*
*podemos fazer muito.*
HELEN KELLER

Participar de coletivos femininos é uma experiência essencial para a luta por igualdade e empoderamento, pois são espaços seguros para compartilhar desafios e vitórias. Essas redes de apoio promovem solidariedade e crescimento e podem proporcionar mentorias e trocas que fortaleçam a comunidade. A celebração conjunta das conquistas, desde metas pessoais até superações profissionais, reforça a autoestima e a atitude positiva. Coletivos são fundamentais para a luta por direitos e para alcançar mudanças significativas, unindo forças e criando um impacto duradouro. **Valorize seu coletivo e junte-se à força que transforma, pois, juntas, somos imparáveis e podemos construir um futuro mais justo**.

Você pode estar se perguntando: "Este livro não é sobre empreendedorismo feminino?". Sim! O empreendedorismo entrou na minha vida aos 11 anos, quando comecei a vender Avon para comprar as maquiagens que minha mãe não podia me dar. Lembro-me com emoção do cheiro da primeira paleta de sombras que comprei com meu próprio dinheiro. Desde então, a jornada empreendedora me levou a diversas experiências, de alugar videoquê, vender bijuterias, lingerie, bolo de cenoura e sanduíches naturais para aumentar minha renda como professora da rede pública.

Agora, minha aventura como empreendedora se concretiza por meio da Conectacom Desenvolvimento Humano, uma empresa dedicada a consultorias, mentorias, treinamentos e palestras nas áreas da comunicação, liderança e do autoconhecimento, e que tem a missão de empoderar indivíduos e transformar organizações. Consultorias, treinamentos e palestras exclusivas de nossa empresa promovem excelência, sustentabilidade, crescimento contínuo, inclusão e diversidade em todas as organizações em que são implementados.

Convido você para explorar as histórias e lições deste livro, que celebra a força e a resiliência femininas. Vamos, juntas, nessa caminhada de crescimento e transformação, porque as mulheres do nosso país ainda precisam de nós.

# 02

# CARTA ÀS MULHERES PODEROSAS

Escrevo esta carta com admiração e apoio às mulheres incríveis que estão trilhando o caminho do empreendedorismo. A jornada pode ser desafiadora, mas cada passo que vocês dão contribui para construir uma sociedade mais igualitária e inspiradora. Muitas de vocês estão buscando aprimorar suas habilidades de comunicação, e é por isso que desejo compartilhar algumas palavras de incentivo e orientação. É importante lembrar que cada desafio é uma oportunidade para crescer. Vocês são capazes de alcançar grandes feitos, e o mundo está ansioso para ouvir suas vozes. Continuem inspirando e quebrando barreiras.

## ANDREA PERES

# Andrea Peres

Escritora, advogada feminista e especialista em Direito das Famílias e Sucessões pela Fundação Escola do Ministério Público do Estado do Rio Grande do Sul. Ouvidora Adjunta da OAB-RJ. É sócia-fundadora do Escritório de Advocacia Larangeira Advogados Associados S/S na cidade de São Gonçalo-RJ. Licenciada em Letras pela Universidade do Estado do Rio de Janeiro (UERJ) e mestranda no programa de pós-graduação em Linguagem no Instituto de Letras da Universidade Federal Fluminense (UFF). Professora vinculada à Secretaria de Estado de Ciência e Tecnologia do Rio de Janeiro há mais de 20 anos. Estudou no Pine Manor College em Chestnut Hill, Massachusetts, Estados Unidos.

---

**Contatos**
andrea.peres@yahoo.com
Instagram: @andreaperesadv
21 96455 4235

*Que nada nos defina. Que nada nos sujeite. Que a liberdade seja a nossa própria substância.*
SIMONE DE BEAUVOIR

E hoje, nós, mulheres, ainda lutamos por essa liberdade... Felizmente, unidas.

A cada dia, ganhamos mais espaços no mercado de trabalho, fruto de nossas lutas. Entretanto, a existência formal de direitos não basta para nos assegurar a participação equitativa em espaços "ditos" masculinos. Até aqui seguimos juntas, retirando as mordaças que nos imputaram, desde sempre, durante nossa escalada social. O patriarcado não pretende perder essa guerra para nós, por isso as estratégias de controle sobre os nossos corpos estão cada vez mais sofisticadas a fim de nos dominar.

Há algum tempo, ousei trilhar caminhos diferentes dos da sala de aula. Depois de uma carreira consolidada no magistério, como professora de línguas, comecei a frequentar espaços de poder nos quais eu precisava argumentar sobre assuntos polêmicos sem deixar de expressar os valores que defendia. Assim, nascia a professora advogada. Sem deixar de expressar estrategicamente a minha inquietude diante da estrutura basilar tão imbricada em nós.

Nessa jornada, precisei compreender que todas temos o desejo de ser Mulheres Poderosas, porém, ensinaram-nos a sentir vergonha desse anseio. Colocaram-nos em uma posição social de cuidadoras. Muitas de nós vivemos presas ao Lar, onde nos esquecemos de nós mesmas. Algumas vezes, somos mortas em nossas próprias casas. O dever de cuidar nos subjuga e nos aprisiona nessa cultura em que o espaço da casa e da família, do privado, é atribuído à Mulher, enquanto o espaço do trabalho e do público pertence aos homens.

****

Palácio da Justiça do Estado do Rio de Janeiro
3ª Vara de Família
Rio de Janeiro, 13 de outubro de 2023.

Do alto do meu salto dez, com a minha bolsa superpoderosa, meu currículo e preparação acadêmica, eu me encontrei em situações as quais vivi e presenciei cenas de violência contra a Mulher. Violência velada, silenciosa e estratégica. Cenas de total desrespeito, prática machista e misógina.

Não podemos nos acostumar a ser interpeladas e silenciadas. Os homens se comportam nesses espaços, em que o poder do homem branco prevalece, de forma autoritária e grosseira. Comecei a sentir raiva e fui para o contra-ataque. Fiquei mais assertiva, mais rígida e menos simpática. Era como estar em um tribunal constante, no qual eu enfrentava para matar e me defendia para não morrer.

Precisei me reconhecer em outras mulheres para compreender que a nossa sociedade não refletia, também, os nossos desejos, necessidades e aspirações.

Coletivamente, precisamos entender que somos diferentes entre nós, em raça, posição social e econômica (interseccionalidade), mas todas somos Mulheres Poderosas. Devemos dedicar também, a nós mesmas, esse dever de cuidado e, assim, praticar o autoamor e o autocuidado.

Isso passa pela necessidade da luta por reconhecimento, direitos e isonomia. Ser Mulher, atualmente, significa preparar-se duas vezes mais do que um homem para ganhar menos que ele. Embora tenhamos ingressado no mercado de trabalho, ainda ocupamos, principalmente, posições de apoio, enquanto os homens dominam os espaços de decisão e poder. Devemos almejar mais! As Mulheres de hoje querem ocupar posições de poder; para tal, precisamos nos apoiar mutuamente.

É crucial abrir as portas das nossas vidas e perceber o impacto sofrido em nossos sonhos, autodeterminação e liberdade. Ao empurrar essas portas, muitas vezes, percebemos que permitimos a morte dos nossos sonhos, objetivos e esperanças. Frequentemente, nos sentimos sem vida, ideias e emoções, agindo de forma ingênua e dócil, de acordo com o que é esperado de nós, sem realização interior.

Tornamo-nos incapazes de reconhecer essa construção social patriarcal que nos impede de alcançar a felicidade se estivermos fora de um relacionamento afetivo. Para alcançarmos nossos objetivos, precisamos ter liberdade para fazer escolhas e determinar nosso papel como cidadãs do mundo, participando da construção da sociedade.

Estamos, cada vez mais, preocupadas com nossas carreiras; mas, muitas vezes, a nossa largada, nessa sociedade tão competitiva, é preterida por estarmos em um relacionamento familiar, seja como filha, mãe ou esposa.

Somos responsáveis por todas as tarefas relacionadas ao cuidado e à gestão do lar. É importante perceber que contribuímos para essa lógica de exploração dos nossos corpos. Afinal, não somos nós que educamos os homens e, por conseguinte, disseminamos essa lógica? Por que ainda precisamos perpetuar essa cultura que nos prejudica, aprisiona e mata? A educação é fundamental para a transformação social e para corrigir a desigualdade de gênero. Precisamos nos educar para educar nossos entes queridos, mas, acima de tudo, precisamos nos educar para brilhar em **todos** os espaços: no trabalho, na ciência, na política e na academia; enfim, **em todos os ambientes. Vamos ocupá-los**!

Existem mulheres que enfrentam esses desafios e que se atrevem a sonhar. No entanto, ao ingressar nesses ambientes machistas, muitas vezes, influenciadas por um modelo masculino de liderança, não percebem esses padrões e acabam reproduzindo comportamentos que, quando adotados por homens, são aceitáveis e demonstram autoridade. No entanto, quando as mulheres assumem esses comportamentos, elas precisam se justificar por serem mulheres que ocupam um lugar de poder, no qual os homens são considerados legítimos por questões de gênero. Acabam sendo rotuladas como temperamentais ou confrontadoras. Há homens que são ríspidos, sabem disso e se orgulham. No entanto, uma mulher que adota essa postura é fortemente estigmatizada, sendo chamada de louca.

Precisamos ser mulheres assertivas, precisamos dominar a linguagem do poder com elegância e autoridade. Devemos compreender toda essa estrutura social e o que se espera de nós para não nos estigmatizar entre nós mesmas.

Ao lidar com homens, especialmente em negociações, me senti desconfortável, por isso é importante, além de identificar essa moldura, em que estamos inseridas, perceber o mundo e adaptá-lo para nós, porque queremos, também, fazer parte dele. Certos princípios, como valores, são de fundamental importância em situações de confronto. Promover a comunicação em espaços conflituosos é possível, assim como chegar ao "sim" tão almejado em uma negociação.

Não é errado ter medo, sentir-se insegura e incapaz. O medo é um sentimento muito útil, quando aprendemos a lidar com ele. Apesar de ser professora de línguas e estar acostumada à oralidade, precisei me preparar duas vezes mais para me sentir segura ao enfrentar esse novo desafio. Minha plateia havia se tornado mais diversificada. Eu precisava explorar outros temas, perceber quem eu era e quem eu queria ser. É um processo bem árduo, porque comunicar-se de forma poderosa é uma jornada de autoconhecimento, autoconfiança e amor. É refletir esse brilho do amor que transborda em nós mulheres.

O reconhecimento por amor deve ser motivado como um exercício de empatia pelo outro. A linguagem pode ser uma via para perceber o quão violenta uma conversa pode ser. Um funcionário atormentado, mal-humorado e obcecado por ser o dono da verdade pode ser responsável por estragar o seu dia. Essas pessoas precisam ser tratadas em todos os ambientes, pois pessoas dignas de pena tornam-se perigosas, capazes de cometer atrocidades tão terríveis quanto as que ocorreram nos campos de concentração, por exemplo.

****

Universidade Federal Fluminense
Campus do Gragoatá
Niterói, 27 de novembro de 2023.

Não existe segredo para desenvolver habilidades de linguagem e comunicação direcionada que mantenham a humanidade. É só praticar, relacionando-se de forma harmônica dentro de contextos em que normalmente seremos julgadas, ou como histéricas ou como mulheres sem voz. A lógica do homem é manter-nos caladas. Dessa forma, nos interpelam, interrompem e até nos ouvem, porém ignoram nossos pedidos por não aceitarem ordens de mulheres.

Esse era um mundo de enfrentamento, uma selva, em que eu brigava para me defender e, mesmo assim, a minha reputação era atacada. Era rotulada como feminista, dentro de uma perspectiva de imputar-me culpa para me controlarem melhor, a ponto de criar interrogações em mim, como questionar se seria errado desejar as mesmas coisas que os homens.

Comecei a perceber uma prática discursiva muito violenta nas pessoas. A comunicação é uma habilidade muito poderosa, especialmente quando os princípios da empatia são seguidos, gerando uma prática mais gentil e respeitosa. É importante se expressar com educação, com uma visão mais ampliada das necessidades mútuas em um clima mais harmônico, sem paixão ou preconceito.

Uma Mulher Poderosa comunica-se para alcançar as metas e os objetivos em seu campo de atuação. Expressar-se com glamour e sofisticação para influenciar as pessoas positivamente é de extrema importância nessa arena de gênero, na qual estamos inseridas.

Para nós, mulheres, esse empoderamento é necessário para brilharmos mais. O mundo mudou. Hoje, vivemos uma era empreendedora, na qual habilidades, tais como a de influenciar o entorno, podem abrir determinadas janelas.

Medo de falar em público, dificuldade em transmitir suas ideias de maneira coesa e coerente, em se relacionar de forma poderosa com sua equipe ou até dificuldade ao precisar formar uma equipe. Dominar a arte da argumentação de tal forma que transmita, objetivamente, suas ideias é degrau importante nessa escalada. Contudo, é fundamental estar pronta para explorar sua identidade pessoal para desenvolver-se com autenticidade, entendendo que esse é o preceito fundamental para o seu crescimento pessoal.

Além da postura física e mental, é importante conhecer as técnicas que melhoram nossa imagem pessoal e profissional. O que diferencia a mulher poderosa de todas as outras é o fato de ela saber reconhecer e gerir suas emoções para conseguir lidar com o estresse e a pressão e, além de tudo isso, equilibrar a própria vida pessoal e profissional.

Por isso, encerro com a brilhante frase de Rosa Luxemburgo[1] para que, juntas, lutemos:

*Por um mundo onde sejamos socialmente iguais, humanamente diferentes e totalmente livres.*

## Referências

ESTÉS, C. P. *Mulheres que correm com lobos*: mitos e histórias do arquétipo da mulher selvagem. Trad. Waldéa Barcellos. Rio de Janeiro: Rocco, 2018.

FRASES de Rosa Luxemburgo. *Citações e frases famosas*. Disponível em: https://citacoes.in/autores/rosa-luxemburgo/. Acesso em: 20 ago. 2024.

ROSENBERG, M. B. *Comunicação não violenta*: técnicas para aprimorar relacionamentos pessoais e profissionais. Trad. Mário Vilela. São Paulo: Ágora, 2021.

1 Rosa Luxemburgo foi uma filósofa e economista marxista polaco-alemã. Tornou-se mundialmente conhecida pela militância revolucionária ligada à Social-Democracia da Polônia, ao Partido Social-Democrata da Alemanha e ao Partido Social-Democrata Independente da Alemanha. Participou da fundação do grupo de tendência marxista do SPD, que viria a se tornar mais tarde o Partido Comunista da Alemanha. Seu nome em polonês é Róża Luksemburg e, em alemão, Rosa Luxemburg.

03

# A GENTE NÃO PARA DE SE TORNAR QUEM É

Não paramos de nos tornar quem somos, e a comunicação é a ponte que nos leva aos lugares que queremos ocupar. Da engenharia ao desenvolvimento humano, permiti descobrir-me em uma jornada não linear. Espero que a minha história possa ser uma centelha de inspiração para a sua.

AYLA LEITÃO

# Ayla Leitão

Mentora e *head trainer* de comunicação, oratória e relacionamentos interpessoais. Desde 2018, atua dando aulas, consultorias e treinamentos especializados para pessoas e empresas. Tem como propósito desenvolver pessoas em seu processo de expressão singular para que, por meio da comunicação, possam construir pontes até os resultados, relacionamentos e lugares que pretendem alcançar. Com primeira formação em Engenharia Química (UFPE) e posterior ingresso na área da Psicologia (FAFIRE), já atuou em diversos segmentos: indústria de alimentos, medicina diagnóstica e educação e variadas áreas: gestão da operação, consultoria, atendimento ao cliente, novos negócios e comercial B2B, constituindo ampla vivência com diferentes perfis de times e *stakeholders*. Além disso, integra a coordenação da Comunidade Fika, uma comunidade sem fins lucrativos que fomenta a liderança feminina em rede ao redor do mundo.

---

**Contatos**
siqueiraayla@gmail.com
Instagram: @aylaleitao
LinkedIn: Ayla Leitão
11 93379 6686

Cada nova experiência pode revelar, confrontar ou reafirmar aspectos de nós mesmas. Assim, à medida que vamos construindo o caminho, ele também nos constrói. Por isso, a desconstrução de uma suposta linearidade de trajetória profissional torna-se tão inevitável quanto necessária. Aqui vale destacar que assimilar a flexibilidade não pressupõe ficar à deriva. É preciso estabelecer uma direção, um "para onde", sem negligenciar o "como" nesse processo e, em última instância, a inestimável importância do "com quem".

Dito isso, talvez fique mais fácil entender como uma engenheira química se tornou empreendedora no campo da comunicação e desenvolvimento humano. Espero que minha trajetória não linear possa inspirar a sua.

A maioria de nós se depara com a necessidade de decidir o que "fazer pelo resto da vida" na época do vestibular. Diante do que eu achava que sabia sobre mim, meu balanço foi: acredito que não tenho boas habilidades interpessoais, gosto de exatas, estudo muito química para olimpíadas escolares e, de fato, acho fascinante a transformação da matéria e seus processos. Além disso, fiquei sabendo que, pela graduação em Engenharia Química na UFPE, seria possível aplicar para um intercâmbio no exterior. A escolha "óbvia", então, foi fazer engenharia química e seguir uma carreira de especialista.

Ao chegar à graduação, eu me informei e planejei todos os passos para seguir nessa direção. Lembro que, na época, tinha um lema: "Se não for pelo talento, vença pelo esforço", inspirado em uma frase de Dave Weinbaum. O lema não deixava de ter seu valor, mas me gerava um enorme ponto cego quanto a meus talentos e potencialidades. Além disso, acreditava que todo resultado era proporcional ao esforço. Só mais adiante pude aprender que, após certo limiar, mais esforço não necessariamente significava mais resultado.

Nesse período, participei da Empresa Júnior (EJ) do departamento de Engenharia Química, na qual recebi feedbacks de que eu me apresentava bem e gerava conexão. Logo, fui convidada para liderar a frente comercial. O mais surpreendente, pelo menos para mim: eu estava gostando daquilo. Somando as apresentações de seminários na faculdade e as aulas lotadas da monitoria de Geometria Analítica que ministrava, comecei a questionar aquela crença sobre a "falta de habilidades interpessoais".

Antes que pudesse ir mais a fundo nessa desconstrução, recebi o resultado de uma ênfase em Petróleo, Gás Natural e Biocombustíveis para a qual havia aplicado. Embora dividida sobre a decisão, saí da EJ e segui com o plano da carreira de especialista. Sete matérias adicionais, projeto de pesquisa e um TCC atrelados à temática, para descobrir um caminho que, definitivamente, não queria seguir. Todo o processo foi se tornando desgastante, da rotina às especificidades do que estudava. Apesar de todo o planejamento e execução, há coisas que só se aprende vivendo e, pela primeira vez, eu comecei a entender o que Don Antonio Machado quis dizer com "o caminho se faz ao caminhar".

Naquele momento, o sonho do intercâmbio ainda me dava direção, porém com um novo sentido: não mais para aprofundamento técnico/especializado, mas para autodescoberta pessoal e ampliação de possibilidades. Após a aprovação, fui morar nos Estados Unidos, onde estudei na Universidade do Kansas (Lawrence-KS) e no Instituto de Tecnologia de Illinois (Chicago-IL).

Quanto a ampliar perspectivas, busquei cursar o máximo de matérias em áreas como gestão, negócios, liderança e comunicação, tudo a que não teria acesso pela grade tradicional, e que, de alguma forma, passou a aguçar o meu interesse. Sobre a busca por autoconhecimento, me distanciar de tudo que conhecia e imergir em uma nova realidade fez boa parte do trabalho. Mas não posso negligenciar a importância de buscar ser "observadora de si". Comecei a identificar e refletir sobre meus padrões pessoais e familiares, crenças e valores.

Ao voltar para o Brasil, após mais de um ano longe, comecei a trabalhar na supervisão de uma linha de produção, em uma indústria transnacional de alimentos, como Supervisora *Trainee*. Uma atuação que potencialmente aproveitaria minha base na Engenharia Química e me permitiria desenvolver uma prática com enfoque maior em gestão. E lá estava eu, acordando às 4h30 da manhã para chegar à fábrica às 7h. Aos poucos, fui descobrindo que, por mais que houvesse tomadas de decisões, processos e projetos, no final tudo realmente era sobre pessoas.

Percebi que, para liderar, era preciso saber escutar o dito e o não dito, era preciso servir e fazer a minha parte para que aquelas pessoas conseguissem atingir os objetivos, além de se comprometerem com um melhor desempenho e com o coletivo. Entendi que são as nossas ações que sustentam nossas palavras, isso é congruência. Tive conversas difíceis que nunca imaginei que precisaria ter. Construí vínculos valiosos. Foi um período intenso e de muito aprendizado. Contudo, ao avaliar onde a continuidade daquele caminho poderia me levar, percebi que não era para onde queria ir, sobretudo quanto ao estilo de vida.

Mas para que direção ir? Se diante do que conseguia vislumbrar até então eu não tinha essas respostas, precisava entrar em movimento para descobrir. Fui fazer imersões de final de semana, cursos e conversar com pessoas. Um passo leva ao próximo. Fiz o Liderança 32 Horas da Fundação Estudar, do qual, mais à frente, tornei-me facilitadora. O curso remexeu um monte de coisas lá dentro e arrancou respostas que eu achava que não tinha, minha bússola interna começava a apontar uma direção, mas ainda parecia haver neblina adiante.

Na sequência, fiz um curso de comunicação e oratória. Para minha surpresa, um novo universo se abriu à minha frente, foi como passar a enxergar uma quarta dimensão que já estava à minha volta, mas eu não percebia de forma consciente. A maneira como comunicamos molda as nossas relações e baliza nossos resultados, define como somos percebidos e o que somos capazes de perceber. Em última instância, identifiquei uma grande fonte para acessar e desenvolver nosso poder pessoal. Uma centelha de entusiasmo surgiu em mim. Depois de me dar conta disso, eu não iria parar por ali.

Voltando à minha trilha profissional, depois dos cursos, pesquisas e conversas com pessoas que potencialmente faziam o que eu gostaria de fazer, no curto prazo, decidi aplicar para grandes programas de *trainee*. No médio-longo prazo, queria trabalhar com desenvolvimento de pessoas, e meu primeiro passo para isso foi ingressar em uma formação de um ano com base na comunicação e oratória.

Após inúmeras etapas de testes, *cases*, vídeos e entrevistas, fui para as etapas presenciais finais das seletivas de dois programas de *trainee*, um no setor de saúde e outro no de educação, com 13.000 e 7.500 candidatos concorrentes, respectivamente. Ambas, como de praxe, em São Paulo. Na época, eu morava no Recife, saía do trabalho direto para o aeroporto, chegava em São Paulo à noite, passava o dia em dinâmicas de grupo e entrevistas, ia direto para o aeroporto, chegava de volta no Recife de madrugada, cochilava até as 4h30 e ia para a fábrica.

Passei em ambos. Eis a difícil escolha. Qual caminho escolher? Dentre outros aspectos, confesso que um dos mais preponderantes foi meu plano de longo prazo. Na empresa de saúde, eu não precisaria me mudar de imediato para São Paulo, assim poderia continuar minha formação em comunicação e oratória.

Como *trainee* da área de negócios, desenvolvi uma unidade modelo para um novo conceito de laboratório de diagnóstico com posicionamento *premium* na região e seu plano de expansão. Na formação em comunicação, em meados da jornada, me tornei monitora e, ao final, fui convidada para ser instrutora na start-up de educação, tornando-me assim a primeira mulher instrutora até então. Foi aí que comecei a dar aulas em cursos de comunicação e oratória aos finais de semana. Era puxado, mas eu amava aquilo. Amava quem eu me tornava, as conexões que estabelecia, o que ensinava e o que aprendia com as pessoas à minha volta.

Posteriormente, me mudei para o Maranhão pela empresa, como Coordenadora Regional de Atendimento de uma marca em seu processo de integração cultural com o Grupo de Saúde. Por um lado, essa mudança implicaria reduzir as aulas de comunicação; por outro, me proporcionaria um desafio e crescimento profissional interessante. Um período, para variar, bastante intenso.

Esse ciclo se encerrou com um convite para atuar como Coordenadora Comercial B2B e novos negócios em São Paulo, pela mesma empresa. Sobre a cidade, confesso que fui positivamente surpreendida. Todo final de semana ia correr em um parque diferente, o que se tornou um novo hobby, somado à meditação. Essas eram algumas das estratégias para tentar balancear as longas horas de trabalho que iam noite adentro, tentativa que se mostrou irrisória quando consegui compreender a real dimensão daquele desafio, frente à complexidade peculiar do contexto no qual eu me encontrava. Comecei a analisar e fazer tudo que poderia estar ao meu alcance para contornar a situação, *overview* de área, proposta de novos desenhos e processos, defesa de novas contratações, entre outras iniciativas. Até que chegou a pandemia. Sabemos o caos que foi, principalmente para uma empresa no segmento de saúde. Em resposta à situação contingencial, a carga de trabalho, que já não era baixa, aumentou bastante. Somada a não delimitação de horários no home office, não eram raras as 15 horas de trabalho diárias, que invadiam também os finais de semana e feriados.

Nesse cenário, no final de 2020, tive um burnout (ou síndrome do esgotamento profissional). Com sintomas de exaustão extrema, estresse e esgotamento físico/emocional, precisei parar. Repensar. Saí da empresa com dois objetivos em mente: o primeiro era me recuperar; e o segundo era voltar a investir no que havia sido meu objetivo de longo prazo: trabalhar com desenvolvimento de pessoas por meio da comunicação.

Mas, não se engane, curar leva tempo. Precisava pausar e cuidar do que, por muito tempo, havia negligenciado. Nesse ponto, ajuda profissional, família e rede de apoio foram fundamentais. Às vezes, vamos estar fortes para poder ajudar e, outras vezes, caso estejamos frágeis, vamos ser ajudados. Essa é a importância do "com quem" na jornada.

No início de 2021, comecei a me posicionar profissionalmente no meio digital com a produção de conteúdo. Eu já entendia de comunicação, o que era uma grande vantagem, mas precisava compreender melhor as dinâmicas e estratégias daquele universo, então fiz cursos e mentorias de *branding* pessoal, marketing e estratégia digital. Também ingressei em uma segunda graduação, dessa vez em Psicologia, pois percebia que a base da comunicação e dos relacionamentos interpessoais estava no comportamento humano. Além disso, via essa formação como um diferencial e um investimento de longo prazo. Até que, no segundo semestre daquele ano, lancei minha primeira mentoria em grupo, com enfoque no treinamento das bases para uma comunicação mais impactante, assertiva e autêntica, sobretudo na produção de vídeos.

Nesse mesmo ano, também passei a fazer alguns projetos como consultora externa para uma empresa de educação corporativa, a Aika. Ingressei na Comunidade Fika, que teve início como um espaço de conexão e crescimento conjunto para uma jornada, por vezes solitária, no caminho do empreendedorismo. Hoje, tornou-se uma comunidade robusta, sem fins lucrativos, que fomenta a liderança feminina ao redor do mundo. Junto a outras três mulheres brilhantes, tenho a alegria de coordená-la.

No ano seguinte, continuei com consultorias e mentorias em grupo e individuais, mas meu grande foco foram os treinamentos para empresas. Em parceria com a Aika, passei a atuar como *head trainer*, versando sobre temáticas como: fundamentos da comunicação para liderança; estratégias de assertividade; conexão e confiança na base dos relacionamentos interpessoais; persuasão e engajamento no comunicar; comunicação para desenvolvimento de pessoas; e gestão de conflitos, tendo em vista a construção de uma experiência de aprendizagem vivencial e conectada com a prática. Os resultados foram fantásticos, com NPS (*Net Promoter Score*) altíssimo de forma consistente. De lá para cá, essa parceria só cresceu, impactou e continua a impactar empresas de diversos segmentos como Unilever, Grupo Iquine, Fundação Cásper Líbero, Rádio e TV Gazeta, entre tantas outras.

Em 2024, ano de publicação deste livro, todos os projetos foram ganhando ainda mais força, robustez e significado. Sim, é maravilhoso ver a transformação de pessoas que se tornam capazes de transmitir suas ideias com muito mais assertividade, confiança e expressividade. Mas, fascinante mesmo é ver desabrochar a expressão singular de cada um que aprende a usar a própria voz para construir pontes até os resultados, relacionamentos e lugares que querem alcançar.

Essa é a minha trajetória não linear até aqui, e desejo que pise firme na sua; afinal, a gente não para de se tornar quem é.

# 04

# TEMPEROS DE FAMÍLIA

## SEM AS MULHERES QUE ME ANTECEDERAM, EU NÃO SERIA NADA!

Somos mulheres, herdeiras e honramos a nossa ancestralidade. O que esperar de um capítulo escrito por mãe e filha para honrar suas antepassadas e contar uma história de empreendedorismo que atravessa várias gerações? A ideia é que sirva de legado para as nossas futuras gerações e inspiração para todas as outras mulheres.

DIANA MÁRA CRAVO
VANESSA MONNERAT

# Diana Mára Cravo

É formada em Letras, orientadora educacional, bailarina, atriz, professora de piano, artesã e bordadeira. Dedica-se ao tarô terapêutico para ajudar mulheres a se empoderarem e descobrirem o sentido da vida. Traz consigo uma história maravilhosa envolvendo várias gerações de mulheres que enfrentaram o mundo para a realização de seus sonhos.

**Contatos**
Instagram: @dianamaracravo
31 99264 7574

# Vanessa Monnerat

É filha, neta e mãe. Formada em Nutrição e Gastronomia. É atriz, mentora de gestão de tempo para mães e terapeuta. Carrega a linhagem de mulheres que possuem o amor pela arte e pela culinária, e ajuda a perpetuar seu costume e honrar toda a ancestralidade.

**Contatos**
Instagram: @organizacaosemstress
Whatsapp: 31 99141 8913

## Sem as mulheres que vieram antes de mim, eu não seria nada

*Honra teu pai e tua mãe, para que se prolonguem os teus dias na terra que o Senhor teu Deus te dá.*
ÊXODO 20:12

Quem é a mulher que você vê quando se olha no espelho? Hoje, tivemos uma experiência maravilhosa quando nós três, Diana, Vanessa e Helena, nos olhamos no espelho. Foi um momento daqueles para parar, observar, refletir e agradecer. Quando vimos três gerações refletidas, reconhecemos a força de todas as nossas ancestrais por meio de cada olhar.

Sentimos a responsabilidade de tanta gente que nos antecedeu e que foi importante, cada uma à sua maneira, e que nem sequer sabemos da história.

Nosso capítulo surgiu com o desejo enorme de deixar registrado para a Ana Laura e a Helena (minhas netas) uma parte dessa grandiosidade divina que é a nossa família. Por isso, foi escrito a quatro mãos.

Nosso anseio é transcender as barreiras da nossa família e atingir o coração de cada mulher que, às vezes, nem teve tempo para pensar em cada detalhe de sua trajetória, talvez por suas lutas diárias, ignorância ou porque não teve, ainda, a oportunidade de reconhecer como é bela, forte, importante e parte de um quebra-cabeça gigantesco, chamado família.

Eu, Diana Mára, quando puxo pela memória, só tenho relatos de umas quatro gerações anteriores à minha, e memórias, ainda que vagas, de umas três delas.

Para honrar todas essas mulheres, é preciso trazer cada uma delas para o seu lugar no nosso sistema familiar. Portanto, é importantíssimo apresentar, para vocês, Málak Bechuat, a primeira dessa linhagem de guerreiras, cuja história começa a se desenrolar na Síria, quando, em companhia do seu esposo Daher, em busca de um futuro longe de conflitos políticos e religiosos, deixou a sua terra natal, rumo ao desconhecido. Destino: Brasil.

Junto dela, estavam seus filhos: Amélia, Eva, Helmaz, Adélia, Jorge, Jorgina, Marilena e Helena. A confiança em Deus e a determinação em seguir seus propósitos, que, hoje, refletem-se em nós, certamente, vieram de suas antepassadas.

A segunda guerreira já foi apresentada, Adélia Bechuat, que chegou ao Brasil adolescente.

Amante do cinema, viveu o seu romance na vida real. Conheceu o amor de sua vida, Jorge Kuraiem. E como as "Deuscidências" da vida são maravilhosas, os dois saíram da mesma cidade, Yabrud (Síria), e se encontraram em Ribeirão Preto, interior de São Paulo. De Adélia, herdamos o talento do artesanato e da culinária. Suas mãos bailavam nos tecidos de linho e os seus bordados de crivo eram os mais lindos da região.

Adélia e Jorge trouxeram ao mundo oito filhos: Laila (Lili), Helena, Edna, Farid, Whadih, Maria Aparecida (Mariinha), Jamil e Jorge.

Você que, agora, está lendo este capítulo certamente se lembra de algum cheiro da sua infância, certo? O meu cheiro afetivo vinha do armário de temperos e louças da minha avó Adélia; era curry, o ingrediente da pimenta síria que cada família tinha em sua receita. Lembro-me, perfeitamente, de abrir o seu armário e aquele aroma tomar conta do ambiente. Além das mãos de fada para costura, ela trouxe, também, para nós, as memórias da Síria pela culinária.

A terceira guerreira desta história foi a responsável por nos transmitir a veia empreendedora: Helena Kraiem (que teve o seu nome alterado no registro, mas manteve a força e garra das suas ancestrais).

Naquela época, em uma família tradicional, a educação era privilégio dos homens, mas isso não a impediu de sonhar. Herdou do seu pai o talento para as vendas, trabalhando na loja de tecidos e aviamentos da família, além de ser uma costureira e bordadeira incrível. Certo dia, um rapaz vindo de Pinheiral, interior do Rio de Janeiro, cruzou o seu caminho e ela pôde transformar o seu destino. Era Octaviano Fernandes Sampáio.

Esse casamento trouxe uma visão além do seu tempo para a nossa guerreira. Incentivando o empreendedorismo nato, ajudou a dar vida à Caixinha de Música, que, como ela mesmo exemplificava: era uma loja que vendia de alfinete a foguete. Foi a genuína precursora da loja de R$1,99 há 80 anos.

Nesse ponto da história, eu, Diana Mára, e meu irmão, Octaviano Júnior (Tatá), nascemos.

Além disso, não conseguimos nos esquecer dos sabores da minha mãe! Quibe cru, esfirra, homus, *tahine*, *babaganush*, entre outras delícias. Herdamos seu caderno de receitas e fizemos questão de sempre as reproduzir com muito carinho e saudosismo. Outros sabores peculiares, vindos por intermédio do meu pai, também foram introduzidos à nossa rotina, como goiabada com leite e angu com tudo.

Passei a minha infância atrás de um balcão, aprendendo a lidar com pessoas e sonhos.

Minha mãe costurava à noite e eu dormia com o som da tesoura cortando tecidos na mesa de madeira. Essa é minha maior memória auditiva.

Muitas histórias cruzaram o nosso caminho, mas o sonho dos meus pais era de que eu estudasse e construísse uma carreira brilhante. Aos três anos, comecei a estudar balé e piano. Aos 18, formada no magistério, finalizava também esses estudos.

Fiz faculdade de Letras, Pedagogia, mas o meu sonho era ser Embaixadora na Índia e isso pode ter refletido na minha carreira e, logo, abandonei a sala de aula.

O destino mais uma vez cruzou meu caminho: no trânsito, conheci aquele que seria responsável pela realização do sonho de ter a minha própria família. Casei-me com o Bem (Armando) e, dessa união, nasceram Rodrigo e Vanessa.

De certa forma, a minha vida como "embaixadora" se realizou. Ele era militar e vivemos como "nômades" em várias partes do Brasil. E, novamente, a vida repetia a experiência das minhas antepassadas: nunca sabíamos para onde seríamos transferidos e como seria a nossa vida no local.

Muitas foram as formas de empreender que nossa família, junta, abraçou. Tivemos uma fábrica de chocolates em Santiago, no Rio Grande do Sul; tivemos um buffet em Belo Horizonte e trabalhamos com festas e eventos, servindo marmitas; trabalhamos como atrizes em Belo Horizonte. Até que, aos 50 anos, decidi me reencontrar com meu passado e fiquei uma temporada na minha cidade natal.

Reviver todas as histórias das minhas origens foi algo que me aproximou novamente da vontade de tecer os sonhos com o que a minha avó me ensinou. Comecei a trabalhar com bordados em pedraria, artesanato e os tão saudosos bordados em crivo.

Nesse contexto, sou um marco zero do meio. Depois de mim, a minha preciosa filha, Vanessa, ajuda nesse desenrolar do meado das nossas vidas que, por enquanto, estão sendo escritas e tatuadas na jornada da Ana Laura e da Helena.

****

Nesse ponto, eu, Vanessa, assumo a história das nossas ancestrais. Sempre gostei de pessoas, e isso já era claro na minha infância. O cuidar fazia parte dos meus dias, e não foi à toa que me formei em Nutrição, cuidando de pessoas, o que, para mim, seria a melhor forma de empreender.

Mas nem tudo são flores nessa jornada e eu tomei novos rumos na minha carreira depois de um burnout. Aprendi a cuidar de pessoas de forma integrativa e isso tem me feito muito bem. Não herdei o talento de costurar ou de bordar, mas herdei o talento para a culinária e, hoje, sou a responsável por todas as delícias sírias da nossa geração.

Minha família nasceu mais tarde, casei-me com 38 anos, com uma pessoa que me transborda, o Julinho, e nós tivemos a nossa Helena, que veio com a força da bisavó para nos ensinar muitas coisas.

Ela ainda é pequena, mas, no seu mundo imaginário, ela já cozinha, faz receitas maravilhosas e me surpreendeu alinhavando um brinquedo que a vovó fez e deu para ela, as vogais em feltro. Ao que vejo, teremos outras mãos de fadas por aqui. E o gosto pela culinária também aflora na nossa pequena. Ela já ajuda a fazer quibe com suas pequenas mãozinhas e seu sorriso contagiante.

Quando falamos da força da ancestralidade da nossa família, precisamos entender o laço que nos une com essas mulheres que tanto significam para nós. Quando a minha bisavó Adélia estava grávida da minha avó Helena, minha mãe já estava dentro dela também. Da mesma forma que eu estava dentro da vó Helena, quando ela estava grávida da minha mãe Diana. E a Helena estava dentro da sua vó Diana, quando estava grávida de mim. Nós somos isso, várias dentro de nossas ancestrais.

Referimo-nos, aqui, só ao lado feminino do nosso clã, que, por si só, é forte como um cedro que veio da Síria e que, depois, agregou a força dos negros, indígenas, portugueses e italianos das nossas alças paternas.

Nem sei se temos discernimento suficiente para encarar esse desafio, mas, com certeza, temos todas as mulheres da família conosco quando escrevemos.

Nós as vemos orgulhosas por estarmos nos lembrando delas e perpetuando, de alguma forma, o que elas viveram, construíram, ensinaram e sofreram. O desconhecido, o incerto, o outro lado do mundo foi tudo o que elas tiveram como certo e concreto.

E de onde veio essa força para enfrentar? Com certeza das mulheres que as antecederam.

Hoje, temos certeza de que tudo isso formou uma couraça de força, fibra, resiliência e audácia.

Temos certeza de que as nossas descendentes também poderão se orgulhar disso e tecer, nessa couraça, marcas ainda mais simbólicas, porque elas, desde já, se sentem "parte importante" e "insubstituível" desse clã.

Mesmo não estando na nossa linha de ancestralidade feminina, temos que registrar a vinda da Ana Laura, filha do Rodrigo, que herda a força espiritual da parte do seu pai.

Queremos ardentemente que, em todas as mulheres que nos lerem, seja despertado o desejo de fazer o que nós estamos realizando e que deixem para as suas descendentes memórias que estão gravadas em seus DNAs e que, se transcritas e eternizadas, serão responsáveis pela perpetuação da sua cadeia ancestral.

Trazemos, aqui, uma oração, para que você também possa honrar as suas ancestrais todos os dias.

*Obrigada, Deus, pelas bênçãos que nos concedeu.*

*Obrigada por desfrutarmos das maravilhas e da força das mulheres que vieram antes de nós.*

*Gratidão às nossas mães, avós e todas as mulheres que nos antecederam. Gratidão por terem tecido o nosso caminho pela imensidão dos seus sonhos, que, de alguma forma, hoje, fazem parte da nossa realidade.*

*Reconhecemos todas as lutas, sofrimentos e dificuldades que vocês viveram à época em que aqui estavam. Agradecemos, pois sabemos que fizeram tudo o que podiam, com os recursos e informações daquele tempo.*

*Pedimos perdão por todos os nossos erros e pelas dores causadas por nós a cada uma de vocês, pois, em algum momento, as julgamos, dentro das nossas limitações de recursos e informações.*

*Que todas sigamos, hoje, perdoadas e livres para seguirmos os nossos caminhos.*

*Amamos e honramos quem somos hoje, graças a vocês.*

*Amamos e honramos cada uma de vocês por tudo o que recebemos e nos tornamos.*

*São 12 gerações nos últimos 400 anos para chegarmos até aqui.*

*São 4.094 pessoas às quais rendemos a nossa homenagem.*

*Mulheres, empoderem-se! Como um galho de uma frondosa árvore com raízes profundas, frutos lindos e únicos que se lembraram de quem já veio e dos que estão para chegar nessa jornada, para lhe dar a devida importância e a responsabilidade de, para sempre, cultuar a beleza que Deus deixou e uniu como uma família.*

*Gratidão!*

# 05

# ENTRE TEMPOS E AFETOS

## IDEIAS NA LINHA

A partir da vontade de conciliar maternidade com as experiências profissionais, foi criada, em meio à pandemia, a empresa **Ideias na Linha**. Assessoria completa para empresas, escritores e estudantes no processo de escrita – por meio de serviços de revisões textuais e crítica literária –, assim como minicursos e aulas sobre linguagem e literatura. Além disso, elabora resenhas de livros para os meios midiáticos e para o estudo.

DULCE MARY GODINHO PEREIRA

# Dulce Mary Godinho Pereira

Professora, revisora e crítica literária. Possui mestrado em Teoria da Literatura (UFJF), pós-graduações em Estudos Literários (UFJF) e em Psicologia Aplicada à Educação (Estácio de Sá/JF). Autora de dois livros: *A descoberta da barata Maria,* destinado ao público infantil, e *Pelas ruas da cidade*, livro de contos. Membra do Ateneu Angrense de Letras e Artes (Ateneu), de Angra dos Reis. Atuante há 18 anos na área da educação, é coordenadora e professora de Ideias na Linha: curso e revisões textuais. Colunista de literatura do programa *Café Colonial*, apresentado pelo jornalista Samuel Assunção na rádio Costazul FM, com o quadro homônimo à empresa, Ideias na Linha, que elabora resenhas de livros para os ouvintes. Acredita que a arte e o conhecimento precisam ser compartilhados e, por isso, divulga leituras e aprendizado sobre a língua portuguesa e sobre a literatura nos meios midiáticos.

---

**Contatos**
dwlcemary@gmail.com
Instagram: @ideiasnalinha
31 98250 3311

# Dulce Mary Godinho Pereira

*Vais encontrar o mundo,*
*(...) Coragem para a luta.*
RAUL POMPEIA, O Ateneu

Há algumas situações das quais temos certeza em nossas vidas, e uma delas é a mudança, seja de tempos, de lugar ou atividade. Por isso, ainda que projetemos um caminho seguro e objetivo, a qualquer tropeço, há novas maneiras de caminhar e, às vezes, até por novas estradas. E, para atuar com resiliência e determinação, sempre me lembro da frase "coragem para a luta", referente aos personagens do livro de Raul Pompeia, *O Ateneu.* Realmente, é preciso coragem dia após dia para, simplesmente, estar e resistir aos desafios. Minha história no empreendedorismo ainda é recente e inquietante. Está vinculada à mudança repentina de ares e tarefas e, sobretudo, abraçada à maternidade e ao apego à construção familiar. De tantos projetos, o maior e mais cuidadoso ainda é no ambiente afetivo.

Dedique-me por mais de 18 anos à docência, iniciando antes mesmo da conclusão do curso de Letras, e lecionei no ensino fundamental, ensino médio, em aulas para concursos, cursos de extensões em faculdades, e realizei pequenas participações em aulas de universidades. Ainda na minha cidade natal, Juiz de Fora, consegui, ao lado do meu namorado (hoje, meu marido), a contemplação para a confecção de dois livros pela Lei de Incentivo à Cultura Murilo Mendes, as obras *Pelas ruas da cidade* (livro de contos) e *A descoberta da barata Maria* (obra infantil). Realizei palestras e oficinas em festivais e escolas. Foi um período bastante produtivo e determinante para a minha profissão.

Durante a graduação, fiz, de forma concomitante, duas pós-graduações para "não perder tempo" e saberes. Logo em seguida, iniciei o mestrado em Teoria da Literatura, quando já estava bastante inclinada aos trabalhos de crítica literária e leituras de textos poéticos. Quando eu me esforçava para as tarefas da academia e os trabalhos nos colégios, estava, também, dedicando-me à construção de uma família. Assim que concluí o mestrado, marcamos o casamento. Uma mudança substancial.

Mudamos para Angra dos Reis, onde residimos por dez anos e foi quando atuei como coordenadora pedagógica em uma escola. Uma experiência primordial para meu empreendimento futuro; na época, sequer sabia que um dia teria de me arriscar. Trabalhar com variadas pessoas a fim de preparar boas estratégias de aprendizado associadas às mudanças educacionais, que sempre nos deparamos, foi essencial para entender melhor a área da educação. Meus eternos agradecimentos à pedagoga e empresária Sandra Jane Pinto, com quem aprendi lições relevantes sobre ensino-aprendizado e quem me ajudou em minha ascensão profissional.

Nessa maravilhosa trajetória, reservei, então, um cuidado especial para aumentar a família. Eu e meu marido ansiávamos por filhos. Em 2014, nascem Pedro e Clarice, um casalzinho de gêmeos, nosso maior tesouro. Assim, todos os demais projetos da carreira ficaram e ficam envoltos à criação amorosa de meus filhos. Comecei a trabalhar menos e tentava conciliar outros estudos, como o curso de Pedagogia, semipresencial, que iniciei pela UERJ, pelo polo de Angra dos Reis, por meio do CEDERJ; além das aulas de inglês que fazia. Caminhava dessa forma, sabendo que, para cada escolha, haveria, em primeiro lugar, minha função materna.

A maternidade sempre foi o espaço em que mais me alertava para os verdadeiros significados sobre a vida. Por isso, todas as outras vivências foram sentidas a partir do "maternar". Mudança intimista e epifânica.

Queríamos novos lugares e costumes e, assim, nos mudamos para Belo Horizonte. Abandonei a graduação em Pedagogia e fui otimista para a capital mineira. Foi esse o momento em que imaginei uma forma de empreendedorismo que pudesse me dar a liberdade para trabalhar e cuidar de meus filhos. Pensava sobre uma forma de prestigiar meus conhecimentos adquiridos pela experiência (em sala de aula, na leitura de livros literários e na revisão textual) junto à maternidade.

E, assim, em meio à pandemia da covid-19, quando todos tiveram de se adaptar ao ensino on-line, criei o **Ideias na Linha** para cursos livres e revisões de textos. Inicialmente, com aulas a distância e toda assessoria por home office.

Assim como devemos alinhar nossa escrita às nossas ideias a fim de serem compreendidas, devemos também entender as ideias lidas em cada livro ou em cada escritor. E, dessa maneira, cada ideia (ou pensamento) em linha, ou seja, torná-lo bem articulado e bem projetado, sendo, assim, uma das premissas do nome da empresa. Portanto, aulas bem planejadas, acompanhamento nas leituras e interpretações e escritas objetivas fazem parte dos serviços oferecidos pelo **Ideias na Linha**. Auxiliamos estudantes com aulas preparatórias de Redação, Língua Portuguesa e Literatura para concursos e vestibulares, serviço de copidesque e de revisões, além de críticas literárias para escritores. Desde 2020, o **Ideias na Linha** tem acompanhado empresas e escritores nessa tarefa tão expressiva que é a arte escrita. A firma presta assessoria a três empresas, sendo duas editoras; cria minicursos on-line com temáticas pertinentes à Linguagem e às dificuldades da língua; monta vídeos e resenhas explicativas sobre livros literários por meios midiáticos como Instagram, YouTube e Spotify.

Ademais, desde 2021, o projeto **Ideias na Linha** elabora resenhas de livros para o programa do *Café Colonial*, sob o comando do radialista Samuel Assunção, da rádio Costazul FM, de Angra dos Reis, com repercussão em podcast para o Spotify. Por meio do programa de Assunção, o quadro, nome homônimo à empresa, divulga importantes obras nacionais e internacionais, grandes representantes da arte literária, assim como escritores iniciantes. Preparava as resenhas semanais, totalizando um livro novo por etapa. Aliado a este trabalho, assessorava escritores por meio das críticas e das revisões. Aqui, meus sinceros agradecimentos a um escritor parceiro, poeta e advogado, Luiz Jardim, que sempre acreditou no potencial da leitura como instrumento para o entendimento de mundo e, sobretudo, no poder da literatura. A cada final de resenha, finalizava a gravação com um poema de Jardim. O **Ideias na Linha** na rádio proporcionou variados e interessantes encontros com clientes e com escritores. Ao Samuel, também, meu singelo reconhecimento por oferecer o espaço tão democrático para a divulgação da arte e da cultura e, evidentemente, pelo apoio às leituras e à curadoria das obras.

Em meio às tarefas e compromissos, estavam meus filhos, que se envolviam em cada serviço: ficavam comigo no escritório enquanto eu revisava os textos; escutavam e ficavam em silêncio quando eu gravava para a rádio; liam seus livros enquanto eu precisava me debruçar nos meus; dançavam as canções e pediam músicas ao Samuel enquanto aguardávamos o quadro entrar no ar; participavam, sem querer, das reuniões por videoconferência com escritores e editores; conheciam e conversavam com meus alunos on-line e, assim, meu trabalho e as crianças ocupavam minha vida e meu coração. Reconheço as dificuldades e, muito mais do que isso, sinto-as de perto, seja pelos prazos, pelas leituras e escritas na madrugada, seja pelo financeiro que caminha de acordo com a entrega de trabalhos, mas, ainda assim, sinto-me privilegiada por conciliar a vida doméstica à profissional.

Em sistema de coworking, precisei me vincular em um espaço físico para atender aos alunos que estavam procurando aulas presenciais. Coincidentemente, consegui uma sala em uma empresa chamada "Livre Mente", um "espaço lúdico de saúde, bem-estar e educação". Dessa forma, surgia um novo segmento com encontros presenciais. Lá realizei oficinas de contação de histórias e minicursos. Para tal dedicação, os horários eram marcados quando os meus filhos estavam na escola. Quando eles estavam em férias ou em recesso e havia atividade, eles iam comigo e aproveitavam. Adicionado a essa prática, o **Ideias na Linha** também realizou encontros com crianças do bairro em parques que cediam o local para eventos culturais de Belo Horizonte.

A literatura sempre me ajudou a examinar o mundo. Exemplifico com Conceição Evaristo, escritora mineira que dizia sobre a relevância da "escrevivência", que possui um significado maior, além da aglutinação das palavras "escrever" e "vivência", pois é um termo carregado de simbologia sobre a experiência pela escrita, além do próprio escritor. Segundo ela: "A escrevivência não é a escrita de si, porque esta se esgota no próprio sujeito. Ela carrega a vivência da coletividade".

Tomo a liberdade de somar à percepção de Evaristo sobre o lugar dos afetos em todos os espaços, especialmente, no da escrita. Por meio das afetividades, nos é permitida a autorreflexão e, assim, trilhamos nosso caminhar. Na verdade, apenas pela dedicação aos outros que ficamos atentos aos enfrentamentos diários. Então, o **Ideias na Linha** nasceu com a perspectiva de valorizar a escrita íntima e reveladora de pessoas, sem esquecer que são os afetos que as fazem criar. Ademais, se na escrita há tantos sentimentos subjetivos, na vivência não seria diferente. Por isso, escrever sobre meu roteiro no empreendedorismo é reconhecer os afetos que me auxiliaram nessa vereda. Agradeço, por isso, aos meus filhos, que partilham comigo de mãos dadas e, em especial, ao meu esposo João Frederico, que é quem abraça meus projetos e ideias com a mesma força que me envolve em seus braços. A empresa **Ideias na Linha** nunca foi pensada apenas por mim, porque criou-se, a partir dela, uma rede bonita de familiares, amigos, clientes, alunos, pais de estudantes e escritores.

"O tempo só anda de ida", dizia Manoel Barros, poeta mato-grossense, e com esta frase aprendi que nos negócios, mesmo que se faça planos e metas, o tempo é seu maior amigo e devemos sempre curtir o processo do nosso crescimento. Esta reflexão é apenas para mencionar que a pressa para o sucesso mascara as pequenas vitórias e respeitar o tempo do nosso amadurecimento requer paciência. Para todo empreendedor, é necessário estudo e dedicação e, por isso, tempo. Logo, para cada empresa, de qualquer setor, sempre serão relevantes as pessoas e o tempo de negócio.

Entre tempos e afetos: **Ideias na Linha**, uma das empresas, assim como muitas outras, que surgiu a partir do engajamento feminino para conciliar a maternidade à vida produtiva profissional. É buscando entender o que somos e o que queremos para nossa família que caminhamos com coragem. Para não esquecer, Guimarães Rosa dizia no livro *Grande sertão: veredas*: "O correr da vida embrulha tudo, a vida é assim: esquenta e esfria, aperta e daí afrouxa, sossega e depois desinquieta. O que ela quer da gente é coragem".

# 06

# A VIDA ME FEZ EMPREENDER PARA RENASCER!

Neste capítulo, compartilho minha jornada no empreendedorismo marcada por superações pessoais e profissionais. Não entrei no mundo dos negócios de maneira planejada, mas foi uma resposta a uma adversidade. Foi o período mais difícil da minha vida que demarcou o início da minha transformação como pessoa e profissional. Ao longo desses três anos como empreendedora, destaco o meu amor pela arte de fazer bolos e adoçar vidas, além de mesclar minhas duas paixões: ensinar e confeitar.

FERNANDA FIGUEIREDO

# Fernanda Figueiredo

Formada em Letras pela Universidade Estadual do Rio de Janeiro (UERJ), MBA em Gestão de Pessoas, pós-graduada em Neuromarketing e futura psicóloga. Redescobriu-se em um curso de bolos em 2019, entendendo, naquele dia, que a confeitaria seria o seu lugar de acalento e foi, por meio dela, que renasceu. Especializou-se em diversos cursos na área e descobriu-se empreendedora e confeiteira.

**Contatos**
fefezdoce@outlook.com
Instagram: @fefezdoce
21 97126 0196

Eu me chamo Fernanda, filha do Marcos e da Selma, nascida em maio de 1988, e renasço a cada dia pelo autoconhecimento. Minha história como empreendedora aconteceu, não foi planejada. Esta é uma estrada que começou a ser desenhada por meio de uma queda no fundo do poço da vida.

Para falar de 2019, que foi o meu primeiro passo "forçado" rumo ao empreendedorismo, preciso voltar na minha infância. Sim, muitos dos nossos traumas, medos, inseguranças e travamentos começam a se desenhar bem no início da nossa vida. Meu trauma foi um abuso dentro de casa pelo meu "tio" (coloco entre aspas porque não é a nomenclatura que eu dou a ele atualmente, e não temos vínculo sanguíneo, pois minha avó o adotou para lhe dar uma vida melhor).

A vida dele melhorou, mas a minha virou um caos a ponto de meu subconsciente só me permitir lembrar do que aconteceu muitos anos mais tarde, na adolescência. Eu não soube lidar com os meus sentimentos e dores, não sabia como pedir ajuda e vivi, por muitos anos, com monstros internos que me perseguiam e me matavam um pouco a cada dia.

Quando adulta, tive mais contato com a psicologia e terapias que começaram a me mostrar que havia uma saída, mas, quando doía, eu fugia. Fugi o quanto pude de mim mesma, mas em 2019, após conviver com um chefe machista, grosseiro e totalmente autoritário, eu não sabia, mas estava prestes a descer para o poço que mencionei no início deste capítulo.

Fui diagnosticada no final do mesmo ano com TAG (Transtorno de Ansiedade Generalizada) e depressão, precisei ficar afastada pelo INSS por três meses. Eu não sabia, pois estava fragilizada para perceber, mas foi naquele momento que começou a virada da minha vida. Aqui eu renasço.

O médico que me acompanhava sugeriu que eu procurasse uma atividade para evitar ficar totalmente parada durante esse afastamento. Olhando as redes sociais, "achei" (acredito que Deus tenha me ajudado a ver naquele momento de cegueira) o que se tornaria meu novo caminho: a confeitaria. Resolvi fazer um curso de bolos, pois os meus sempre solavam mesmo quando eram de saquinho. E eu decidi que seria com isso que ocuparia minha mente naquele momento.

Amei aquele mundo doce, saí da aula querendo comprar tudo para testar e tinha tempo para isso. Com o que tinha e como dava, comecei a testar e treinar quase todos os dias. Os bolos da família, eu sempre me oferecia para fazer e dar de presente, visto que era uma oportunidade para me aprimorar.

Em janeiro de 2020, tive uma reunião com o meu chefe e informei que me desligaria da empresa e que montaria a minha. Falei sem pretensão, mas as palavras têm um poder que a gente nem imagina! Com a minha rede de apoio, em especial meu pai e meu esposo, em algumas semanas o quartinho dos fundos tomou ares de ateliê e comecei a comercializar meus primeiros doces.

Recém-casada e morando em uma cidade um pouco longe dos meus familiares e amigos, começava um novo desafio: criar uma cartela de clientes. Mas em janeiro de 2020, eu mal imaginava que esse seria o menor dos problemas, pois anunciei a minha confeitaria em fevereiro e, em março, enfrentamos uma pandemia que durou dois anos. Foi durante esse período que entendi o propósito do que eu fazia: levava doçura, felicidade e alegria. Meu produto ajudava a conectar e reunir as pessoas mesmo que a distância. E foi o que eu fiz, virei um canal de felicidade em um momento tão doloroso. Eu e Rafael nos equipávamos e partíamos para fazer as entregas dos bolos criando o elo entre quem enviava e recebia, escrevia cartinhas à mão e aquele foi um momento incrivelmente transformador na minha vida. Eram sorrisos com choro de alegria e surpresa... Um êxtase!

Traçando um paralelo entre a Fernanda CLT e a empreendedora, consigo enxergar a determinação que tenho para construir o que eu quiser, mas desconhecia na época. Dentro de uma empresa, muitas vezes nos engavetam e traçam características que podem ou não ser verdade ou o pior, nos fazem acreditar que somos "boas" só naquilo que exercemos dentro da empresa. Ficamos engaioladas em opiniões alheias de pessoas que pouco nos conhecem. Quando você se abre para o novo, para a possibilidade de aprender, se abre uma porta de possibilidades de ser várias em uma. E essas oportunidades dão asas que, consequentemente, fornecerão para você a liberdade de ser quem quiser.

Empreender me ajudou a enxergar o mundo de uma forma muito diferente. Hoje, na posição de gestora da minha empresa, consigo entender que a mentalidade precisa mudar. A empresa precisa crescer, mas ela pode ter um modelo de gestão diferente daquele da empresa que fere e menospreza. Trabalhar com a confeitaria, em especial, é uma tarefa muito árdua, tanto física quanto emocionalmente. O trabalho na cozinha é exaustivo até você conseguir criar o seu método de organização e produção assertiva e, pelo lado emocional, ainda há quem nos enxergue como profissionais menos importantes porque "só fazemos doce", o que só piora quando se trabalha de casa com produtos artesanais.

Além de mudarmos a nossa mentalidade e não nos deixarmos abater com pancadas diárias, precisamos desenvolver a mentalidade de valorização do nosso produto e de nós enquanto empresárias na visão dos clientes, familiares e amigos. A maior parte do incentivo que recebemos vem de pessoas que também empreendem e entendem nossas dores, e que muitas vezes nem nos conhecem pessoalmente, mas se engajam criando uma rede de apoio poderosa para que não haja desistência.

Reitero aqui que vejo a palavra "desistência" não com um sentido pejorativo, porque eu, muitas vezes, pensei em desistir; os motivos foram diversos: cansaço, insegurança, medo, falta de gestão financeira, não confiar nos meus produtos... Poderia fazer uma lista extensa, mas acredito ter dado os principais motivos que levam um pequeno negócio a fechar as portas. Mas creio que uma pessoa que já empreendeu em algum ramo, pelo menos uma vez, é capaz de desenvolver uma resiliência que a faz recomeçar – seja na mesma área com um novo modelo de negócio ou no mesmo ramo –, dando-se a liberdade de se conhecer e descobrir novas capacidades ao criar um produto ou serviço.

Atualmente, quando olho para esses três anos de empreendedorismo, sinto orgulho do que venho construindo, pois eu não sabia que, para enfrentar essa empreitada, teria que aprender tantas outras coisas para além de fazer bolo. Aprendi sobre administração, finanças e organização de estoque, mas o foco, agora, é a mentalidade. Aceitar e entender que eu mereço e posso receber o que tenho colhido por mérito, trabalho e esforço. Porém, confesso que ainda é algo difícil para mim.

Assim sendo, sigo no meu atual espaço de trabalho me dedicando a deixar o mundo mais doce, a ensinar o que consegui aprender ao longo desta caminhada e, dessa maneira, unindo minha primeira formação de professora com a confeitaria, o que deu um *match* perfeito! Embora eu me sinta extremamente realizada, meu foco é falar com mais e mais mulheres por meio da minha história e mostrar que é possível, mesmo quando marcadas pela vida, nos levantarmos e mudarmos a nossa jornada. Não é fácil, dói, mas é lícito sermos condutoras da nossa trajetória.

# 07

# DESAPEGOS E DESCOBERTAS

## MINHA JORNADA MIGRANTE E EMPREENDEDORA

A vida migrante ensinou-me o desapego, em um sentido amplo e profundo. É por isso que, hoje, enxergo a vida por meio de ciclos. É preciso entender os sinais da vida para encerrá-los de forma eficaz, habilidade esta que é essencial para os negócios. Gosto de dizer que empreendo para explorar quem sou. Percebo que a imigração tem um papel crucial na minha jornada empreendedora, que se iniciou organicamente.

KATIA MILRAD SEGAL

# Katia Milrad Segal

Intuitiva e racional, em constante busca de autodescoberta, por meio de experiências transformadoras. Nascida no Rio de Janeiro, criada em "Floripa", filha de imigrantes. Hoje, cidadã canadense e do mundo. Formada em Psicologia pela Universidade Federal de Santa Catarina (UFSC), completou pós-graduação em Gestão de Recursos Humanos (RH) na George Brown College, em Toronto. Ao longo da sua carreira, acumulou experiências no RH em multinacionais norueguesas, francesas, britânicas e canadenses. Atuou como consultora de carreira em organizações não governamentais canadenses, orientando imigrantes a se reinventarem em suas carreiras. Atualmente, empreende, guiando processos de autoconhecimento e *wellbeing* para que seus clientes se apropriem das suas histórias e, assim, possam sentir segurança e bem-estar no redesenhar da vida migrante e da carreira internacional. Guiada por sua curiosidade, dedica seu tempo aos estudos sobre *wellbeing*, práticas de meditação, mindfulness, somáticas, energéticas e espirituais.

---

**Contatos**
info.katiasegal@gmail.com
Instagram: @katiamilrad
LinkedIn: Katia Milrad Segal

Escrevo sentada em um puff de meditação, no canto da minha sala vazia. Eu vendi todos os meus móveis e objetos pessoais. Lá fora, batem 13 graus e as árvores já estão com as folhas coloridas; uma mistura entre o amarelo, o laranja e o vermelho. Ah, o outono canadense me encanta! O inverno está a sussurrar, é questão de tempo para a temperatura negativar.

Estou a encerrar mais um ciclo da minha vida. Em dez dias, deixarei a minha casa em Calgary, no Canadá, para viver um novo ciclo. Essa vida que experiencio já foi um sonho rabiscado em uma folha de papel. Estou desapegando de tudo aquilo que não é essencial para abraçar essa nova fase.

Não posso negar, o caminho é desafiador. Não há mapas, você toma um gole de coragem, outro de fé e vai. São incontáveis as vezes em que precisei me virar do avesso para entender qual era o meu caminho. Por isso, compartilho recortes da minha trajetória para explicar como vim parar aqui.

Foi aos 22 anos, quando fiz meu primeiro intercâmbio para os Estados Unidos, que decidi que queria explorar o mundo. Havia um programa para universitários chamado *Work Experience USA*. Era possível viajar para qualquer cidade nos

Estados Unidos e trabalhar nas férias de fim de ano. Decidi ir para Aspen, Colorado, trabalhar em uma estação de esqui localizada nas Montanhas Rochosas. Vivi a língua inglesa, senti a neve e tive uma prévia da vida no exterior. Ao longo de quatro meses, trabalhei como recepcionista, hostess, assistente de garçom, babá, limpadora de casas de luxo, e até modelo da *Aspen Fashion Week*. Voltei dessa experiência transformada e com novos sonhos. Não posso negar, eu me apaixonei pelo *American Dream*, ou Sonho Americano.

Ao voltar do intercâmbio, me formei, mudei de Florianópolis para o Rio de Janeiro e comecei a trabalhar em uma multinacional norueguesa. Fui contratada como analista de desenvolvimento organizacional, na área de RH. As empresas nórdicas têm uma cultura, naturalmente, voltada para o desenvolvimento e bem-estar dos funcionários. Percebo que, desde aquela época, eu já tinha um olhar atento para ensinar e perceber gaps e oportunidades. Foi a partir da minha iniciativa e participação que foi desenvolvido um plano de carreira para os funcionários no Brasil. Eu amava o meu trabalho e me sentia muito segura e estável onde estava.

Eis que houve uma demissão em massa. Eu e mais de 200 funcionários fomos desligados. Meu mundo caiu. Lembro que, ao receber a notícia, saí da empresa que se localizava na Torre do Rio Sul e fui vagando pelas ruas de Botafogo. Andei até a Urca. Chorava aos prantos. Levei-me, intuitivamente, até a praia. Em situações como essa, só o mar para me acalmar. Sentei-me em um banco na Praia da Urca e fiquei, por horas, a observar as ondas batendo na areia e nas pedras. Quando percebi, já era noite e me dei conta de que um ciclo estava se fechando.

Esse episódio, claramente, me gerou enorme sofrimento. Eu me senti vulnerável e perdida. Confesso, amava tanto o meu trabalho que me tornei uma extensão dele. Afinal, quem era a

Katia? Eu me apeguei e me identifiquei com aquela ocupação a ponto de esquecer quem era fora dela. Vivia para os projetos da empresa. Meus assuntos cotidianos eram sobre o meu trabalho. Tornei-me monotemática durante os três anos em que lá permaneci. Achei que estava crescendo com as promoções que recebia, porém só comecei a expandir, verdadeiramente, ao superar esse momento de vulnerabilidade.

Gosto do trecho do podcast em que Jay Shetty, monge e *life coaching*, entrevista o dr. Gabor Maté, especialista em trauma e vulnerabilidade. Ele comenta: "A vulnerabilidade é necessária para o crescimento. Sem vulnerabilidade, não há crescimento" (Jay Shetty Podcast, 2022).

Essa foi, definitivamente, uma lição aprendida. Se você almeja ter ao menos um aprendizado com a minha trajetória, eu diria: não atrele sua carreira à sua identidade. Mal sabia que esse era só o começo de uma série de desapegos que viriam pela frente. A começar pela carreira, mas não somente por ela.

A reviravolta me fez dar o pontapé inicial para um projeto engavetado: fazer uma pós-graduação no Canadá. O intercâmbio para os Estados Unidos tinha deixado um gostinho de quero mais. Em um ano, eu estava morando em Toronto e matriculada em uma das faculdades mais concorridas da província.

Tudo parecia lindo, e era mesmo. Ruas limpas, segurança e liberdade ao transitar pela cidade. Andava pelas ruas à noite, sem ter medo de alguém me abordar. Pegava o transporte público sozinha e não tinha medo de me perder, caindo em um lugar perigoso. Quem já morou no Rio de Janeiro sabe do que eu estou falando. Tudo era tão acessível! Eu estava cercada de inúmeras possibilidades, lojas, restaurantes, eventos e pessoas, muitas pessoas.

Por outro lado, a cultura era diferente da minha, eu não tinha clareza das boas práticas para me integrar. Não dominava a língua como os nativos e, muitas vezes, chegava em casa morrendo de dor de cabeça por ter passado o dia interagindo em inglês. Meu corpo estava realizando todo o esforço necessário para fazer parte daquele lugar. Mas, o que era leve, tornou-se um fardo. Eu queria ter êxito e isso tinha a ver com minha carreira, absorção da cultura e, consequentemente, a capacitação para a permanência definitiva no país. Meu prazo era curto e foi uma questão de tempo para iniciar a corrida dos ratos.[1]

Entrei no modo *To Do*, parecia um trator, participava de eventos de networking toda semana. Tinha, ao menos, um *coffee chat* semanal para estreitar relacionamentos. Eu treinava o meu pitch até no banho, para me tornar mais fluente. Eu sabia que, como imigrante, estava em desvantagem por não dominar a língua 100%, por ter trabalhado em empresas que os nativos não conheciam e, além disso, minhas conexões profissionais locais eram praticamente nulas. Foi, então, a partir da minha força interna e determinação, que criei oportunidades. Eu desenvolvi relacionamentos, fiz diversas entrevistas, recusei propostas de emprego até ser contratada como *front desk* em um coworking. Muitos imigrantes torcem o nariz para o trabalho *entry level*, mas não foi o meu caso. Essa oportunidade chegou até mim por conta de uma conexão, e eu a agarrei sem pensar duas vezes. Aproveitei essa chance para construir a minha autoconfiança no ambiente de trabalho canadense, e pude compreender a fundo a cultura local e fui ajustando o meu comportamento:

"Katia, você pode cobrir fulano que tá doente?" – Sim.

"Katia, você pode fazer hora extra e receber os móveis novos da unidade?" – Sim.

---

1 *Rat race* (em português: corrida dos ratos) é uma expressão usada correntemente na língua inglesa para se referir de modo pejorativo à incessante busca do sucesso no mundo dos negócios (ÁVILA, 2021).

"Katia, você pode organizar esse evento para os clientes no fim do ano?" – Sim.

E, assim, conquistei a confiança das minhas gerentes e recuperei a minha. Não tinha tempo ruim, elas sabiam que podiam contar comigo.

Enquanto isso, dava entrada na minha residência permanente e continuava aberta às oportunidades na área de RH.

Em seis meses, estava colhendo os frutos do trabalho duro dos últimos tempos.

Residência permanente em mãos, fui contratada por uma grande empresa de tecnologia francesa na área que tanto queria. Finalmente, consegui tirar as merecidas férias.

Ufa! E agora? Tudo parecia entrar nos eixos, mas meu corpo me mandava sinais de que algo não andava bem. Minha digestão começou a ficar crítica, intolerâncias alimentares se intensificaram. Eu crescia dentro da empresa, mas meu sistema parecia se deteriorar. Hoje, olhando para trás, acredito que foi o somatório de diversos fatores combinados ao meu estilo de vida, incluindo desconexão espiritual e desconexão com o corpo. Eu me dei conta de que teria que realizar mudanças em diversas áreas mais uma vez.

Após todo esse percurso, mudei de Toronto para Calgary e resolvi dizer "sim" para uma pausa na minha carreira. Calgary veio como um presente em um momento de escuridão. Brinco que coloquei meus pés aqui para focar no meu *wellbeing* (bem-estar). Calgary é ensolarada o ano todo, apesar das temperaturas de 30 graus negativos no inverno. As pessoas são gentis, e é possível ver as montanhas rochosas cobertas de neve por diferentes ângulos em qualquer ruela da cidade.

Pronto! Encontrei o lugar ideal para revisitar a mim mesma, minhas escolhas, minhas partes e minha identidade. Confesso que forcei a barra para alcançar o meu objetivo. Vivi para imigrar. Eu, de fato, consegui o que queria. Minha residência permanente veio como um foguete. Mas a que preço? Sinto que amputei partes minhas para caber e fazer o que precisava ser feito. Perdi o brilho nos olhos. Senti que precisava focar no meu bem-estar e buscar uma vida com mais propósito; caso contrário, continuaria a adoecer psicossomaticamente. Dei início à jornada para dentro de forma consciente.

Joguei-me de cabeça no processo, como tudo a que me proponho a fazer nessa vida. Perdi a conta de quantas vezes participei de imersões. Foram processos de coaching, autoconhecimento, meditação, autocura, nutrição, espirituais, energéticos, de bem-estar, de autocuidado, até com xamãs indígenas da tribo Blackfoot eu me encontrei. De participante, comecei a me tornar master em algumas dessas habilidades.

Fui descobrindo talentos jamais explorados por mim, colocando-me em movimento, com curiosidade, leveza e seguindo a minha intuição. Eu fiz tudo isso por mim e não imaginei que essa jornada para dentro me levaria para o caminho do empreendedorismo. Foi preciso coragem para olhar minhas sombras, compreender meus traumas e lidar com os meus pontos cegos. Achei que não houvesse desafio maior do que o da imigração. A lição aprendida é que a gente só consegue mudar o que vemos. O caminho vai se desdobrando ao caminhar, pois tenho construído uma mentalidade e narrativas diferentes da que tinha.

Dei vazão ao meu primeiro projeto empreendedor, com mais duas mulheres, criando um grupo sobre carreiras para brasileiras. Como eu havia acabado de me mudar para Calgary, tinha sede de novas conexões. Criar o grupo foi a minha forma de pedir ajuda e ser ajudada.

De forma voluntária e gratuita, organizamos encontros mensais, nos quais elegíamos um assunto para troca e reflexão. Em nossas reuniões, falávamos sobre as transformações no processo migratório, autoconhecimento, carreira e negócios. Convidávamos mulheres para que elas pudessem ensinar sobre um tema de seu domínio, compartilhar uma mensagem ou falar sobre os seus negócios. Criamos um ambiente seguro para troca, falas sinceras, novas amizades, ajuda mútua e desenvolvimento.

Não consigo mensurar o preenchimento que senti em poder contribuir para a minha comunidade. Eu cresci infinitamente ao me doar para essa iniciativa. De forma rápida, o grupo foi crescendo, eram mais de 100 mulheres, não somente em Calgary, mas também em cidades vizinhas. Além de ser uma das líderes do grupo, eu me vi mentorando outras mulheres. Elas me procuravam para fazer perguntas ou traziam seus maridos para que eu pudesse compartilhar conhecimentos sobre carreira, mercado e vida.

Foi então que me perguntaram por WhatsApp: "Katia, quanto custa a sua mentoria de carreira?". Ao ver a mensagem, rolou um mix de sentimentos, lembro que demorei 24 horas para responder. Fiquei surpresa, animada e, assim, comecei a estruturar o meu negócio.

O tempo foi passando, meus serviços foram ficando mais robustos e o "boca a boca" tornou-se forte dentro da comunidade local. Atendi clientes não somente em Calgary, mas também em Edmonton, Vancouver, Toronto e até Quebec. A notícia se espalhou por outras províncias, expandi mais um pouco, e pessoas que estavam no Brasil e nos Estados Unidos, almejando vir para o Canadá, começaram a me procurar também. Fui fluindo, até ser convidada para mentorar imigrantes recém-chegados em um projeto dentro de uma ONG canadense.

O desafio subiu de nível. A minha crítica interna surgiu rapidamente para me perguntar: "Como você vai fazer isso na sua segunda língua?". Cheguei a duvidar por alguns instantes, me conectei com a minha fé, coragem e disse: "Sim". Mais de uma centena de pessoas passaram por mim em um curto espaço de tempo. Imigrantes recém-chegados da Ásia, África, Américas, Oriente Médio e Europa.

Com as experiências, fui percebendo que gosto de me envolver em projetos e criar serviços. Tudo o que faço está pautado na minha própria jornada. Afinal, eu acredito que só podemos guiar pessoas até o ponto que já percorremos. Recentemente, lancei um novo programa voltado para o *wellbeing*, trazendo o meu olhar aos cuidados da saúde da mente, corpo e espírito. É preciso coragem para colocar nossos projetos no mundo.

Finalizo esta escrita, em meio a mais uma grande mudança. Sinto-me entusiasmada e, ao mesmo tempo, com frio na barriga. Apesar de todos os desafios, estou constatando que esse é o meu caminho. Expandir, por meio das minhas vivências para, assim, guiar, em diferentes níveis, aqueles que chegam até mim. Abro-me, mais uma vez, para o desconhecido e peço que meu coração me oriente para que eu possa trilhar o meu caminho da forma mais elevada. Encerro esse ciclo com gratidão e desapego para que o próximo se inicie. Alemanha, *here we go*!

## Referências

ÁVILA, L. O que é a Corrida dos Ratos e como sair dela. *Clube dos poupadores*, 13 dez. 2021. Disponível em: https://clubedospoupadores.com/independencia/corrida-dos-ratos.html. Acesso em: 20 ago. 2024.

JAY SHETTY PODCAST. The ROOT CAUSE Of Trauma & Why You FEEL LOST In Life | Dr. Gabor Maté & Jay Shetty. *YouTube*, 24 out. 2022. Disponível em: https://www.youtube.com/watch?v=OTQJmkXC2EI. Acesso em: 11 out. 2024.

# 08

# COMO ENCONTRAR O LUGAR DE FORÇA NA VIDA E SER MAIS FELIZ E PRÓSPERA?

Como encontrar o Lugar de Força na vida nos mais diversos espaços que ocupamos como mulher? O texto conversa com mulheres que buscam mais felicidade e prosperidade no viver, mas, acima de tudo, desejam uma vida mais leve e harmônica. Partilhando minha experiência como mulher, filha, irmã, mãe, companheira, madrasta, avó e profissional, apresento a você o caminho que eu percorri para construir uma vida com mais harmonia e equilíbrio, algo bastante desafiador quando se é mulher, divorciada e vivendo um segundo casamento. Assim, convido você para conhecer as 3 Leis Sistêmicas e como aplicá-las facilita meu dia a dia e me faz uma mulher poderosa.

MÁRCIA LUCINDO LAGES

# Márcia Lucindo Lages

Filha do Crispim e da Penha, mãe da Jéssica e do Júnior, e avó do Eduardo. Está em seu segundo casamento com o Newton, é madrasta do Vinícius e da Ana Luíza, e sogra da Yasmim e do Lucas. Mora em Brasília, é leonina, adora viajar, conhecer lugares e pessoas, e ama aventuras. Atuou por 35 anos como professora na rede de ensino público de Brasília e, é mestra em educação pela Universidade Católica de Brasília, adora pesquisar e estudar. Foi nessa busca por se conhecer mais e mais que se tornou psicanalista e consteladora familiar. Em seu trabalho como terapeuta sistêmica, desenvolveu um programa terapêutico para ensinar o Lugar de Força na vida, o qual alcançou centenas de pessoas, principalmente mulheres, que se beneficiaram ao encontrar soluções para suas questões desafiadoras, além de mais fluidez e harmonia no viver. O Programa REAHL foi criado para ajudar a todos que desejam ter um relacionamento amoroso harmônico e leve, a começar por si mesmo.

**Contatos**
marcialages@yahoo.com.br
Instagram: @conversademulheres
YouTube: Psicanalista Márcia Lages

## Mulher Real

Ah, ser Mulher! Magnífica experiência e, ao mesmo tempo, tão desafiadora. Ser uma mulher que vive bem sendo mulher e se sinta poderosa é algo que nos acompanha e nos desafia, não é mesmo?

Portanto, como ser uma Mulher com poder e estar bem e feliz? Como ser REAL?

Queremos tudo e, por vezes, nada. Fazemos tanto e, por tantas vezes, estamos exaustas. A realidade chega escancarando tantas questões, que muitas de nós levam anos para encontrar um caminho positivo, que nos ajude a ficar bem e que mostre felicidade. E muitas nem encontram.

Foi na busca por encontrar um caminhar mais leve que essa mulher que pulsa em mim buscou ser uma mulher mais real. Foi vivendo os desafios e os vários papéis que temos que descobri a necessidade de olhar mais para meus desejos reais e não os impostos ou frutos das expectativas que depositaram em mim.

Espero que, mostrando um pouco de mim aqui, eu mostre muitas de nós também.

Eu sou uma mulher que, antes de tudo, é a filha de um homem e de uma mulher. Sou a filha mais velha do Crispim e da Penha, mineiros que vieram para Brasília viver as novas oportunidades que a cidade que nascia prometia. E, assim, eu nasci no planalto central nove anos depois do início da nova capital do país, graças ao "sim" que esse homem e essa mulher disseram um ao outro.

Eu sou uma mulher que se casou aos 18 anos, acreditando e desejando que seria para sempre. O ano era 1987 e ainda era muito comum que as mulheres casassem tão cedo. E foi para sempre enquanto durou, quase 19 anos.

Eu sou uma mulher que se tornou professora pelo magistério, fez a faculdade de Educação Física e, depois, o mestrado em Educação. A primeira da sua família que chegou a esse nível. Minha mãe é professora também e, por causa de todo o seu caminhar e sacrifícios, eu pude caminhar um pouco mais.

Eu sou uma mulher que viveu a maternidade. Minha primeira filha chegou em 1991 e, depois de dois anos, meu segundo filho veio também. Um dos maiores desafios da mulher é se tornar mãe e não se perder de si. As dores e as alegrias da maternidade muito ensinam e, quando olho para trás, vejo como ser mãe nos impulsiona. Eu trabalhava mais de 40 horas semanais, tinha uma academia de natação funcionando em casa, misturei todos os espaços da vida pessoal com a profissional, e energia não faltava para passear com eles e levar e buscar em várias atividades. E ainda acho que passou rápido.

Sou uma mulher divorciada. Vivi o fim do meu casamento em plena adolescência dos meus filhos e em um grande momento da minha carreira docente. Mais do que nunca, eu só queria ser real, acertar mais, cuidar para que tudo ficasse bem. Muitas vezes, lutava contra a realidade que se apresentava. E precisei passar pelo luto do fim de um amor, de uma vida idealizada, para me descobrir mais mulher e seguir.

Eu sou uma mulher casada de novo. Aquela que não abriu mão de viver outro grande amor. Já são 17 anos nessa segunda relação amorosa. Meu segundo marido tem dois filhos do seu primeiro casamento. Adoramos viajar e nos aventurar, cada vez que estou na estrada, seja aqui ou lá em cima – de moto ou avião –, honro meu pai, que, como bom caminhoneiro que foi, amava as estradas.

Eu sou uma mulher que virou madrasta e aprendeu muito sobre um amor paciente e que precisa olhar para quem chegou primeiro que você. Na nossa família ampliada, famílias da contemporaneidade em que ambos os parceiros já tiveram outro casamento e filhos, meu enteado é o terceiro filho, já que nasceu no mesmo ano que meu filho, e minha enteada é a caçula. Os meus e os dele formam os nossos.

Eu sou uma mulher que vive a "voternidade". Sou a vovó de um menino lindo, filho da nossa primogênita. E, quando ela descobriu a gravidez, outra etapa começou ali, porque também nascia a mulher-mãe e um novo futuro para a filha-mulher. E, nascendo a mulher-avó, muitas foram as cobranças internas que eu me fiz, muitos medos, até a redenção ao amor mais doce que existe.

Eu sou uma mulher que resistiu a muitos solavancos, que caiu e se reergueu algumas tantas vezes. Em outras, precisou mudar de rumo mesmo, e até ficar no chão por um tempo. Busquei mais e me conhecer surgiu como uma grande alavanca propulsora. O que os sentimentos e as reações que eu tinha me mostravam? O que queriam de mim? Para onde me levavam?

Eu sou uma mulher que fez e faz terapia. No momento mais difícil, investi em um tempo de autocuidado. Entendo mais que nunca que cuidar da saúde emocional é essencial para o sucesso e a alegria que eu quero nessa vida. Se desejo ser uma mulher forte, preciso encontrar o meu melhor lugar. Preciso pagar o preço.

Eu sou uma mulher que virou a psicanalista, estudou a pedagogia sistêmica e, escolhida pelo mundo terapêutico, atua hoje como consteladora familiar e terapeuta sistêmica. E foi conhecendo a mim mesma e a minha história familiar que a minha vida foi se transformando.

Assim, na grande metamorfose que as escolhas que fazemos nos colocam, mudei. Descobri 3 Leis Naturais que revolucionaram meu viver e me fazem poderosa.

## Mulher Sistêmica

Eu sou uma mulher sistêmica. Conhecer e compreender as 3 Leis Naturais que regem os relacionamentos humanos me modificou demais. Então, convido você para conhecê-las também.

Segundo Bert Hellinger, um psicanalista, filósofo e organizador de trabalhos familiares e de grupo, essas Leis do Amor são princípios que atuam nas relações e observá-las facilitam a convivência e o viver.

1. Lei do Pertencimento: todos que fazem parte de um sistema familiar jamais podem ser excluídos ou deixados de pertencer. Quando alguém está excluído, o sistema familiar demonstra a exclusão em forma de dificuldades. Ressalto que no sistema familiar estão todos aqueles que fazem parte da sua vida, toda a rede de pessoas antes e depois de você. Isso não é escolha, é um fato que compõe quem você é.
2. Lei da Ordem: mostra a necessidade de hierarquia dentro do sistema familiar, sendo que os que vieram primeiro têm preferência sobre aqueles que vieram depois. Muito comum o desequilíbrio quando os mais novos tentam resolver as dores dos mais velhos, sendo que assim tomam uma posição de superioridade e quebram a ordem do sistema.

Ressalto que filho vem depois, é pequeno; pai vem antes, e é grande, sempre.

3. Lei do Equilíbrio: mostra a necessidade do equilíbrio entre o dar e o receber/tomar nos relacionamentos. Quando acontece o desequilíbrio, em que só um dá e o outro recebe, membros do sistema são pressionados até que o equilíbrio entre as trocas seja restabelecido. Ressalto que a inocência de quem dá demais se torna um fardo pesado para aquele que não tem como retribuir.

Bert Helinger (2012) afirma que, nas dinâmicas familiares, partilhamos o destino e a culpa de nossas famílias. Isso significa que sofremos também as consequências do que foi feito por quem veio antes, assim como o que fazemos afetará as próximas gerações da nossa família.

Foi observando e vivendo essas leis no dia a dia, também chamadas de Leis Sistêmicas, que minha vida de mulher foi ficando mais leve. Eu me fortaleci como mulher à medida que fui tomando a minha história, compreendendo que não estamos sozinhas, que somos nossa família e que as histórias das mulheres que vieram antes de nós nos complementam e que, muitas vezes, as seguimos em comportamentos e crenças.

Eu sou uma mulher sistêmica que exercita todos os dias o olhar para as relações que tenho, e vive o Pertencimento, a Ordem e o Equilíbrio. E, assim, vou tomando meu Lugar de Força na vida. Uma mulher mais poderosa e real foi surgindo, sendo construída a cada passo do autoconhecimento. Como pesquisadora e boa professora, criei uma metodologia de trabalho terapêutico, um programa para meus atendimentos, com o objetivo de ensinar mais e mais mulheres a encontrarem seu lugar dentro da própria família. Aqui, neste capítulo, apresento-a para você.

## Mulher REAHL

Eu escolhi ser uma Mulher REAHL. Aquela que vive uma Relação Amorosa Harmônica e Leve, começando por mim mesma. No Programa Mulher REAHL, eu ensino como construir relações amorosas harmônicas e leves, começando pelo amor-próprio e tomada da sua história. Quando eu desejo olhar para mim e me conhecer mais, posso atuar com mais equilíbrio na minha realidade e, assim, conseguir mudanças onde for necessário e possível.

Aprendendo a olhar para as nossas fragilidades e, assumindo nossas vulnerabilidades, vamos compreendendo os vazios maternos e paternos. Quando eu fiz isso, percebi como e onde eu projetava isso na minha relação amorosa, o que me fez viver melhor meu segundo casamento.

Foi acolhendo a minha criança interna, que faz parte de todas nós, que pude me fortalecer na minha maternidade, no meu papel de madrasta e, agora, na minha "voternidade". Apenas no meu lugar, posso ser mais inteira e plena.

Quando abrimos mão do controle e da perfeição, nos fortalecemos como profissionais. Eu compreendi que não dou conta de tudo e que nem quero ter razão e assumir guerras que não são minhas. Quero ser apreciadora do meu percurso.

Não estamos sozinhas. Quando trazemos à tona os emaranhamentos do passado geracional, vamos reintegrando os fatos, aceitando, reelaborando, tomando e dando o devido lugar de cada um na história pessoal e familiar, proporcionando maior equilíbrio e tranquilidade para o viver de toda mulher.

Atualmente, já atendi centenas de mulheres com o Programa REAHL. Mulheres que vivenciaram esse processo terapêutico e aprenderam a concordar com a realidade, dizendo "sim" para o novo que chega. Mulheres que ressignificaram traumas e recalques, e puderam abandonar comportamentos repetitivos.

Mulheres que foram para o caminho da construção de uma autoestima mais eficaz e fortalecida.

Acreditando nessa abordagem e experimentando-a também na minha vida, sigo cada dia mais fortalecida. Não que os problemas cessem, não é isso! Apenas aprendemos a lidar melhor com eles, acionando os recursos mais adequados e que levam a resultados melhores. Conversar de forma mais assertiva, dizer o que sentimos e como queremos, julgar menos e confiar mais na vida contribuem muito para a leveza do viver.

## Conversa de Mulheres

E um propósito novo chegou: queria partilhar tudo o que foi vivido e aprendido com mais mulheres. Porque, sim, a vida pode ser mais leve! Sejam quais forem os desafios que se apresentem.

Queria contar isso para outras pessoas. Eu queria mostrar, fazer mais e ter mais conversas com mais e mais mulheres. Sendo uma mulher leonina, cheia de curiosidades e antenada com as novidades do mundo, logo estava nas redes sociais e criei minha página @conversademulheres no Instagram.

Você já me segue lá?

Aprender a olhar para nossas necessidades imperativas e quais prazeres são buscados para atendê-las facilita o caminhar ao trazer autonomia de escolhas. Conversar abre portas e portais em nossa alma, pois nos faz ouvir a própria voz. Conversar com outras mulheres nos empodera, traz vitalidade e intencionalidades diversas.

Nessa Conversa de Mulheres, entrego conteúdo diariamente e compartilho meu dia a dia, além dos desafios de viver relacionamentos de forma REAHL. No WhatsApp, tenho o Grupo VIP Mulher REAHL, um espaço para a mulher que deseja aprender a construir relações com mais harmonia e leveza, no qual eu ensino a aplicação das 3 Leis no dia a dia feminino. Nesse grupo, acontecem partilhas de histórias de vida e superação; e nessas trocas, vamos todas crescendo e aprendendo, umas com as outras, em uma linda e amplificada conversa de mulheres. Venha fazer parte também!

## Lugar de Força na vida

Encontrar esse lugar não é tão difícil. O desafio é permanecer nele. Por isso, digo sempre que é um exercício diário e que na coletividade pode ser mais fácil.

Abaixo, apresento algumas orientações sistêmicas que organizei sobre nosso Lugar de Força na vida que podem contribuir muito, trazendo mais harmonia e leveza para o seu dia a dia:

- Maternidade: mais importante que ser amiga de seus filhos é ser a mãe. Assuma sua autoridade, sem medo. Ensine a geração mais nova a honrar a geração que veio antes. Confie na força dos filhos. Eles são metadinha de você e metadinha do pai deles. Preocupações demais os enfraquecem.
- Paternidade: libere seu filho para o amor do pai que você escolheu. Separar o homem da paternidade ajuda, principalmente quando são histórias difíceis. Nenhuma mãe substitui o pai, só fica sobrecarregada... Pãe não existe.
- Segunda relação amorosa: assuma o seu lugar de segunda, ou terceira, ou quarta namorada/parceira/esposa. Porque essas mulheres existiram, hoje você pode escolher viver essa história.
- Madrasta: você não é a mãe e nunca será. Ninguém substitui uma mãe, e o mesmo vale para o pai. Todos pertencem. Quanto mais você respeitar a mãe do seu enteado, mais a relação de vocês se fortalece.
- Trabalho e dinheiro: coloque-se a serviço da vida, com mais disponibilidade para dar, mais reciprocidade para receber. Menos reclamação da vida. Dinheiro gosta de movimento para o mais.

Essas orientações não são verdades absolutas, longe disso. Partilhei aqui o que funcionou comigo e com outras de nós. Aprendi que posso ser e ficar apenas no meu lugar. Descobri que todos pertencem e que, no coração, há espaço para muita gente. Aprendi que excluir e julgar não trazem bons resultados. Compreendi que temos dias bons e dias não tão bons, e está tudo bem.

Que tal experimentar? Eu troquei tentar por experimentar e sigo cada dia mais poderosa.

## Referências

HELLINGER, B. *A simetria oculta do amor*: por que o amor faz os relacionamentos darem certo. Trad. Gilson César Cardoso de Souza. São Paulo: Cultrix, 2012.

09

# O MÉTODO QUINTA-FILHA SOB OS OLHARES DE MÃE E FILHA

Quero começar explicando que existem dois relatos neste capítulo: o meu, a Mãe; e o dela, a Filha. Quando me convidaram para este projeto e compartilhei a novidade com a família, a conversa foi unânime: escreva sobre o "quinta-filha". Pois bem, aqui estou com o coração aberto e despretensioso desejando que esses relatos toquem de alguma forma as mães e filhos que estas páginas lerão. Gostaria também de informar que não houve sequer uma palavra modificada no relato da minha filha, que virá ao término do meu. Estes são os mais puros e sinceros olhares do que este método significou para nós. Espero que gostem.

PATRYCIA FRÓES

# Patrycia Fróes

Psicóloga atuante na clínica pelo viés psicanalítico, mãe da Amanda, esposa, esportista e inquieta. Mestranda em Psicanálise, Saúde e Sociedade, cujo projeto tem como tema "A mulher e o percurso para se tornar uma". Leitora de Simone de Beauvoir, apaixonada pelas questões humanas e suas complicações, e fascinada pelo feminino e suas infinitas possibilidades. Membro do Instituto Cultural Freud, onde faz parte do time de psicólogos que prestam atendimento social; pertence ao Corpo Freudiano Escola de Psicanálise e é pós-graduada em Neuropsiconutrição, o que a incentivou a iniciar mais uma formação. Portanto, também será uma futura nutricionista. Agora, coautora deste livro e, como disse no início... inquieta.

---

**Contatos**
patryciafroes@me.com
Instagram: @patyfroes.psicologa
21 99593 6270

Quando eu me tornei mãe, tinha 21 anos. Nem experiência de vida eu tinha, imagine juntar a minha falta com a de uma pessoa que tinha menos que eu, e que, a partir daquele instante, dependia de mim?

Para mim, até hoje, é bem louco pensar sobre isso. Acredito que ter um filho é a experiência mais maluca, perigosa e corajosa que um ser humano pode viver.

É bem estranho pensar que temos ou teremos muitos medos em vários momentos da vida, como, por exemplo, quando escolhemos ou não uma profissão, quando decidimos namorar, casar ou terminar uma relação. Há o medo de envelhecer, ou ainda, envelhecer sozinho, medo de ficar doente, e tantos outros ao longo da jornada. Porém, quando temos filhos, não posso afirmar por vocês, mas, falando de mim, tive uma coragem tão destemida, uma alegria quase infantil com uma certeza completamente infundada de que tudo daria certo.

E foi assim, banhada desse amor e coragem, que me tornei mãe. Não li livros que me prepararam para isso, não fiz cursos, nem tinha amigas que estivessem passando pelo que eu estava. Fui a primeira do grupo a empreender no ramo.

Contando alguns erros e acertos, o que vim compartilhar foi uma ideia que tive quando minha filha entrou naquela fase diferenciada da adolescência, momento que eu não sabia se estava sendo mais difícil para ela ou para mim. Sabe aquela sensação que você sabe que tem um filho, mas parece que não, pois você se torna uma peça bem descartável da vida deles? Era assim que me sentia.

Aquela pessoinha que falava mil "mães" por dia agora chamava por nomes que não eram o meu. O que estava acontecendo? No fundo, a gente sabe e respeita isso, afinal, eles precisam se emancipar de nós, mas na prática dói um pouquinho... E foi nesse misto de dor e orgulho por ela estar crescendo que surgiu o Método Quinta-Filha.

## O Método Quinta-Filha

Esse método é bem simples e hoje posso dizer que foi uma forma de ter um tempo dela para mim. Era disso que eu precisava e, com o passar dos anos, descobri que ela também.

A ideia surgiu da falta que ela me fazia. Sabia que precisaria ser interessante para minha filha. Comecei a refletir sobre o que poderia oferecer de mim. No que eu era boa? Quais eram minhas qualidades? Não estou necessariamente falando da minha versão mãe, e sim quais seriam meus atrativos para além da mãe que sou para ela.

Sou cheia de opinião, adoro debater assuntos aleatórios, eu me considero divertida, "então vamos por esse caminho", pensei.

Não tenho problemas em ser a figura mãe que diz "não", que chama atenção ou coloca de castigo, não tinha problemas com isso (aliás, até hoje ela fala de um castigo de dois meses que recebeu por ter me chamado de "chata", mas isso é assunto para um próximo livro). Meu desafio naquele momento surgiu por não ter tanto ela comigo. Na verdade, eu me encontrava em dois dilemas:

1. Não queria perder, no sentido de viver um afastamento da minha filha por causa da adolescência. Para mim era importante estar próxima dela, saber da vidinha dela e estabelecer uma forma dela se sentir bem, inserindo-me nesse contexto.
2. A minha carência dela mesmo.

Enquanto escrevo, lembro-me dos acontecimentos e do quanto a gente muda e precisa ir mudando ao longo dos anos com nossos filhos, não é mesmo? Se eles soubessem o quanto nos fazem mudar, rever pensamentos, conceitos e preconceitos... Mas vamos lá!

Dentro da nossa realidade de tempo, custos, obrigações e disponibilidades, comecei a pensar em um dia da semana adequado para o que eu estava prestes a propor. Confesso que pensei em um dia durante a semana por ser mais fácil, já que não precisaria disputar com nenhum outro evento que pudesse se apresentar mais interessante, e não queria mais ninguém além de nós duas, então priorizar a semana facilitaria as coisas.

Lancei a ideia do que faríamos: filmes. Essa foi a minha primeira ideia. Ela gostava, eu gostava, bem fácil. Ah, e vale lembrar que tinha a preocupação de não transformar esse dia em algo comercial, com compras, presentes ou custos altos que fugissem do objetivo. Afinal, eu precisava sustentar o compromisso, e tinha que estabelecer algo que pudesse fazer com dinheiro ou sem, porque a vida é assim: uma hora temos, outras nem tanto, e este movimento tinha que vir para ficar, independentemente das circunstâncias financeiras. Alguns filmes foram em casa, com pipoca e nós duas.

O que desejo deixar claro é que o filme, ou qualquer outro evento escolhido, era apenas o pretexto para estarmos juntas. Rindo, conversando e comendo a torta de banana integral preferida dela. Qualquer coisa, absolutamente qualquer coisa, virava um evento para nós.

Eram as quintas que eu a buscava no colégio, e toda programação a partir dali incluía nós duas. Era um tempo para a gente curtir, e as outras tarefas ficavam para depois, com exceção da terapia dela (afinal, que espécie de psicóloga eu seria se a fizesse faltar às sessões que aconteciam exatamente às quintas feiras?). Para isso, dávamos uma pausa de 40 minutos e voltávamos à programação inicial.

Curtir, gravem bem esta palavra. Curtam seus filhos **com** os seus filhos!

Eu posso afirmar que 90% das minhas melhores e mais intensas risadas foram com ela, e isso a gente leva para a vida toda. Percebo que alguns pais esquecem que seus filhos são outras pessoas cheias de possibilidades, desafios, alegrias e, com isso, um mundo para ser explorado. Vivemos a era do imediatismo, do consumo e, nem percebemos o que isso traz em forma de prejuízos ao convívio com pessoas importantes. A ideia do "quinta-filha" era dar um freio nessa correria louca, e dar tempo para se dedicar ao que importa.

O "quinta-filha" poderia ter sido uma ideia sem sucesso, e não digo que deu certo e se estabeleceu logo de cara, foram necessárias algumas semanas para que tomasse corpo, e criasse o próprio espaço e identidade. Eu poderia ter cansado, desistido, mas isso nunca foi uma possibilidade para mim, e hoje posso dizer que o "quinta-filha" foi um acerto sim.

A vida é corrida, o tempo é escasso, as prioridades existem e o tempo do seu filho vai deixando de ser direcionado para você, o que é muito natural e certo de acontecer. Nós, mães, que lutemos e nos reorganizemos para encontrar nossas importâncias, porque as deles deixarão de ser nós bem rápido, não é mesmo?

Quando minha filha entrou naquela fase em que a mãe é um "mico", a fase do "me deixa na esquina da escola" (o que nunca aceitei, que me condenem por isso), eu me descobri em uma necessidade absurda de estar próximo dela, da gente, não sei explicar.

Eu realmente sentia falta da minha filha, pois tinha minha vida, minhas amigas, meu marido, minha casa, meu trabalho e meus estudos. Não me considerava uma mãe "carente", apesar de ter me sentido assim em alguns momentos. Afinal, como não se sentir carente se aquele serzinho superimportante está deixando você de lado? Eu, hein, sentia falta sim, e sentia muita!

Nesse meu mundo particular, sempre tive em mente que não deixaria que a gente se perdesse em meio a esta fase, o que hoje percebo ser mais comum acontecer do que já imaginava. Assim, foi estabelecido o nosso dia, não o dia inteiro, pois não tínhamos essa disponibilidade, mas um momento só nosso. Chamei de "quinta-filha", pois, inicialmente, eram as quintas, mas já digo que, ao longo dos anos, tivemos "terça-filha", "quarta-filha" e por aí vai... Troquei o "feira" pelo "filha", e confesso que nem pensei o quanto isso empoderaria o ato, o quanto estava demonstrando como ela era importante, tão importante que tinha dia e tudo. São os pequenos detalhes que fazem diferença.

Como o combinado, no início era cinema, filme; uma semana ela escolhia o filme e, na outra, eu escolhia, assim como aonde iríamos ou o que comeríamos, até porque eu era tão importante nesse rolê quanto ela. Eu tinha voz, opinião e escolha, sim! Tá aí uma coisa que muitos pais erram com seus filhos, deixam que eles comandem tudo.

E outra, no campo da prática mesmo, temos gostos diferentes, por que eu só veria sempre o que ela queria? Não, não... Ela também teria que, de repente, ver um filme que a princípio não gostasse, esse era o mundo real que eu queria que ela conhecesse.

Nem tudo será e sairá como a gente quer! Nem sempre iremos ver o nosso "filme" preferido, nem sempre vamos impor as nossas vontades. Assim é a vida e devemos mostrar isso aos nossos filhos pois, caso contrário, alguém mostrará. E, no mais, os filmes que a gente gosta falam de nós também, e queria que ela me conhecesse, soubesse do que gosto, das músicas que ouço. Isso é parte de mim.

Confesso que fico um pouco chocada quando vejo filhos que entram nos carros dos pais ou em casa com a TV e a primeira coisa que fazem é mudar a estação ou o canal. Oi, como assim? Para mim, nunca existiu isso de agradar incansavelmente o filho, fazer tudo o que ele quer, ver e ouvir tudo o que ele deseja. Não, não. Claro que minha filha tinha liberdade para ouvir suas preferências comigo, mas ela também ouvia as minhas. Todo o método, toda a forma, nada mais era que uma tentativa desesperada de uma mãe estabelecer convívio, troca, assuntos, momentos, ensinamentos e construir memórias. Então, por que não usar nossos filmes e nossas músicas preferidas para isso?

Ah, e uma dica: estejam preparados para as infinitas gozações, adolescente é um bichinho bem cruel. Eles riem mesmo da nossa cara e dos nossos gostos. Sustentem, é só isso que posso dizer. Hoje, aos 26 anos de idade, ela escuta várias músicas que conheceu comigo e achava "mico". Então é isso, sigam!

Voltando ao método, para haver uma troca, ela precisava me conhecer, saber o que gosto e o que não gosto. E essa foi uma das portas que abrimos para isso. É sobre tempo juntas. Não tem mistério.

Não tenham medo, não se achem sem graça para eles, pois não somos. Sem doação, dedicação, desprendimento e empreendimento, não há relação. O que parece acontecer quando estamos com nossos filhos é uma anulação em prol deles, como se não fôssemos interessantes ou que só somos interessantes para servi-los nas tarefas que cabem a nós. O fato é que não sabemos lidar verdadeiramente com a tarefa de ser mãe e amiga, e percebo que muitas se perdem nesses papéis como se um anulasse o outro, ou melhor, como se fosse impossível exercer os dois. Que fique claro que temos que ter as duas relações caminhando juntas, porém separadas. Não podemos perder nossa autoridade de mãe, ela se faz necessária para que os filhos cresçam.

Acho que o "quinta-filha" me fez experienciar esse lado de amiga, mas nunca deixando a mãe de fora, e vice-versa. Digo a vocês que este pequeno movimento pode parecer bobo e sem fundamento para algumas, mas garanto que foi por meio dele que não nos afastamos além do esperado no período da adolescência.

Percebo muitas mães se desdobrando, se anulando para dar tudo e mais um pouco aos filhos sem receber um mínimo de atenção, cuidado e carinho desses mesmos filhos. Parece um tratado velado que, para eles, tudo, já para nós... o que der e quando der. Nunca concordei com isso, nunca me posicionei assim; para mim, relação é relação e, para ela acontecer, duas ou mais pessoas precisam se dedicar. Não importa se um é a mãe e o outro é o filho, os dois têm a mesma responsabilidade para que dê certo. Os dois!

Nunca fui dessas de aceitar qualquer coisa, e esse jeito me custou, além das várias críticas. Mas, tudo bem, essa era a vida real que eu queria e algum desgaste é inevitável. Tá aí, desgaste! Para mim, um item inevitável e fundamental. Dizer não, dizer muitos nãos... Dar voz ao filho e ouvir críticas, conversar francamente, dizer quando não gostou ou ficou magoada com as palavras e atitudes desses filhos, ouvir o mesmo, reconhecer erros. Isso tudo faz parte do crescimento de ambos. Não se esqueçam de que ensinamos e aprendemos na mesma proporção com nossos filhos. E, para isso, existirão momentos ótimos e outros nem tanto, e está tudo bem.

O cinema, o filme, o almoço, os passeios, eram pretextos para que existisse o nosso momento, só isso. As "quintas-filhas" eram totalmente flexíveis, a única regra era estarmos só nós duas. Não se enganem, filhos adoram bancar os "durões" e autossuficientes, mas amam se sentir especiais e isso não acontece com presentes, mas com presença verdadeira. Não com um corpo ao lado, mas com abertura, dedicação e entrega. Essas "quintas-filhas" eram muito especiais, eram só nossas, nada nem ninguém fazia parte disso, apenas nós duas. E eu digo: isso basta.

O que eu chamo de método é simplesmente dedicação, cuidado e zelo em oferecer algumas horas que sejam as mais agradáveis e intimistas possíveis de seus filhos. Digo que a necessidade era minha e que, com esta ideia, consegui suprir o meu desejo e transformá-lo em algo que eu desconhecia. O "quinta-filha" virou a nossa marca, todos os amigos da minha filha sabiam e respeitavam isso, ela não era mais solicitada neste dia por eles. E eu amava isso.

Portanto, mães, percebam quais são as suas necessidades, do que sentem falta, quais memórias querem deixar para e com seus filhos, do que desejam se lembrar.

Por favor, não estou aqui levantando uma bandeira de sufocamento aos filhos, de forma alguma, apenas dizendo que é possível, necessário e saudável criarmos uma relação leve, gostosa, de amizade e curtição sem perder a autoridade quando se fizer necessária.

Tenham as suas vidas, busquem seus amigos, romances e objetivos para além de seus filhos. Nossos filhos não devem ser tudo, mas precisam fazer parte do nosso todo. Sejam benevolentes com vocês, a vida é uma eterna tentativa com erros e acertos. Aprendam com os erros, mas também riam deles. Sejam leves e firmes, aguentem o debate, o embate, respeitem o desgaste, não fujam deles, abram os ouvidos com generosidade para ouvi-los e se ouvirem e, principalmente, curtam o processo, curtam muito o processo, o seu e de seus filhos.

Um abraço fraternal,

Patrycia Fróes

## Quinta era meu dia preferido da semana

Lá por volta dos meus 13, 14 anos, algum tempo atrás, minha mãe iniciou a tradição do "quinta-filha". Talvez essa memória seja fabricada, mas tenho a impressão de que a ideia surgiu despretensiosamente. Estávamos no carro chegando em casa. Na época, vivíamos em um pequeno apartamento na Lagoa, no início da Fonte da Saudade. Tínhamos acabado de fazer algum programa de mãe e filha no meio da semana.

Gostávamos muito da companhia uma da outra. Gostamos. Todo mundo sabe que minha mãe sempre foi minha melhor amiga, embora eu sempre tenha tido total noção e respeito pela sua posição de mãe. Não me lembro de essa linha ter sido cruzada. Se, por um deslize, a desrespeitei em alguma ocasião, certamente fiquei de castigo por meses.

Na verdade, lembro-me de uma situação. Certa vez, de tanto ver minhas amigas fazendo o mesmo com suas respectivas, chamei minha mãe de "chata". Fiquei de castigo por dois meses. Meu castigo era em regime semiaberto (nós, do Direito, chamamos extraoficialmente de semifechado). Eu podia sair para ir à escola, ao curso de inglês e à natação. Só o essencial. Não podia descer para o playground, ir à praça e aos aniversários. Nessa brincadeira, perdi várias das comemorações dos meus amigos de infância. Perdi farra, e ganhei conhecimento (risos). Não podia fazer nada, então eu lia. Na época ainda não existia tablet, nem Netflix e eu nunca gostei de videogame. Faço esse relato rindo, já que não me restou trauma algum desses castigos. Pelo contrário, penso que gostaria de criar meus futuros filhos da mesma forma. Muito porque almejo ter com meus filhos a relação que tenho com a minha mãe.

Essa programação no meio da semana foi, com certeza, muito agradável. Não à toa, virou parte da nossa rotina. Toda quinta-feira, o dia que eu tinha consulta com a minha analista da época (filha de peixe...), minha mãe me buscava no colégio, nós almoçávamos juntas em algum restaurante legal e passeávamos. O "quinta-filha" continuava. Lembro que, em uma dessas, fomos ao cinema Estação em Botafogo. O filme? *Precisamos falar sobre o Kevin*. É dos nossos preferidos até hoje. Trata de uma relação entre mãe e filho. Uma complexa, terrível e trágica relação entre mãe e filho, mas ainda uma relação entre mãe e filho. Só agora, escrevendo isto, eu me toquei do quanto tal temática é presente na nossa vida.

Gostaria de mergulhar mais a fundo, mas vou finalizar falando da minha percepção sobre a importância da "quinta-filha" nessa relação que é um orgulho danado para a gente.

Nas "quintas-filhas", nós nos conectávamos. Conversávamos. Raramente nos desentendíamos. Compartilhávamos nossos projetos, alegrias e angústias. Mas o que a gente mais fazia mesmo era rir.

A verdade é que o "quinta-filha" nunca acabou. Hoje, não temos um dia da semana certo para estarmos juntas, sequer dividimos o mesmo teto, mas me emociono ao tentar mensurar o tanto que ainda compartilhamos. Mais ainda, o tanto que ainda rimos juntas. Com certeza, rir com a minha mãe é meu programa preferido.

O "quinta-filha" nada mais é do que a materialização de um desejo: o de alimentar e construir, em conjunto, uma relação sólida de amor, amizade, respeito, parceria e presença.

Então, para nós, todo dia é "quinta-filha".

Amanda Arueira Fernandes

10

# DO *SPACE JAM* AO SELECT USA 2024

## JORNADA DE SONHOS E NEGÓCIOS

Sonhos, medo e falta de representatividade de mulheres negras em posições de liderança estão presentes na rotina de empreendedoras negras. Minha experiência com o medo comprova que, a cada tentativa de derrotá-lo, ele, sorrateiramente, reposiciona-se e desafia-me a seguir caminhando. Sigo em frente impulsionada pelos meus sonhos, que, como astros dotados de energia, iluminam minha existência.

RANE PAULA MORAIS SOUZA

# Rane Paula Morais Souza

Sócia-fundadora da TradPreta. Ex-aluna nas acelerações de empreendedorismo feminino: Academy of Women Entrepreneurs AWE 2.0 (2022) e Future Females Brazil (2021). Vice-presidente do Sindicato Nacional dos Tradutores (SINTRA) desde novembro de 2023. Traduziu os seguintes livros: *Adulta*, de Tiffany D. Jackson (2023); *Pão de Açúcar*, de Rafael Duarte (2023); *Intocadas*, de Nice Leng'ete e Elisabeth Butler-Witter (2022); *Interseccionalidade*, de Patricia Hill Collins e Sirma Bilge (2021); *Sulwe*, de Lupita Nyong'o (2019); *Rio*, de Rafael Duarte (2019); *Abrolhos Terra e Mar*, de Rafael Duarte (2016); *Ver*, de Antônio Bokel (2016); *Sei que vou conseguir!*, de Veronica Chapman (a ser publicado).

---

**Contatos**
info@tradpreta.com
Instagram: @tradpreta

*Se ao menos o medo me fizesse recuar, pelo contrário, avanço mais e mais na mesma proporção desse medo. É como se o medo fosse uma coragem ao contrário.*
CONCEIÇÃO EVARISTO

*A utopia está lá no horizonte. Me aproximo dois passos, ela se afasta dois passos. Caminho dez passos e o horizonte corre dez passos. Por mais que eu caminhe, jamais alcançarei. Para que serve a utopia? Serve para isso: para que eu não deixe de caminhar.*
EDUARDO GALEANO

A vida da pessoa empreendedora é muito motivada pelos sonhos e cerceada pelo medo. Já a vida da pessoa negra empreendedora tem esses elementos acrescidos de uma absurda falta de representatividade em posições de liderança. Na minha jornada, meus sonhos para a vida, em todos os níveis de consciência, entrelaçam-se com minha vontade de constituir, em associação à minha carreira, uma realidade de abundância, prosperidade, profissionalismo, ética e autonomia. O medo é um fantasma sempre presente que encaro todos os dias. Minha experiência com ele se assemelha à utopia na visão de Eduardo Galeano: diariamente tento desafiar o medo para, por fim, derrotá-lo. Mas, a cada tentativa de aproximação, o medo se reposiciona equidistante e força-me a seguir caminhando.

Ouso dizer que minha jornada empreendedora começou ainda na pré-adolescência, quando decidi adquirir uma das habilidades fundamentais para exercer minha atual carreira. Cresci no interior de Minas Gerais, em uma cidade chamada Coronel Fabriciano. Em 1996, aos 13 anos de idade, acompanhei minha mãe em uma viagem a Belo Horizonte, capital do estado. Naquela viagem, tive a oportunidade de ir ao cinema novamente, já que todos os cinemas da região onde cresci tinham sido fechados. Depois de assistir ao filme *Space Jam*, de Joe Pytka, fiquei fascinada com a história de determinação de Michael Jordan. Então, decidi ser como o jovem cuja garra levou-o a transformar os próprios sonhos em realidade. Logo, estabeleci como meta aprender a falar inglês a qualquer custo. Quando saí do cinema, contei essa aspiração para a minha mãe. Ela me ouviu de forma benevolente, mas não deu muita atenção ao meu novo plano.

Porém, nos meses e semanas que se seguiram, pedi a ela para me matricular em um curso de inglês na cidade vizinha. Ela me explicou que o curso era algo fora do orçamento da nossa família. Então, comecei a pegar emprestado livros, cadernos e fitas cassete dos meus colegas de sala que frequentavam aulas de inglês, mas não queriam fazer o dever de casa. Com o tempo, devorei todos os livros do idioma que encontrei pela frente, fiz os deveres dos generosos colegas que me emprestavam os materiais fundamentais ao meu aprendizado e fui aprendendo aos poucos. Segui esse método de estudo por anos. Além disso, estava sempre em contato com músicas, séries, filmes e documentários em inglês.

Mudei-me para Belo Horizonte para cursar o Ensino Médio e o curso técnico no Centro Federal de Educação Tecnológica (Cefet-MG). Nos anos que estudei nessa instituição, tive acesso a uma biblioteca recheada com materiais e aulas de inglês em turmas reduzidas de até dez alunos. Um divisor de águas importante no meu aprendizado autodidata foi ter acesso à biblioteca do Instituto Cultural Brasil Estados Unidos (ICBEU), naquela época, localizada na região da Praça da Liberdade, em Belo Horizonte. Eu poupava dinheiro a semana inteira para pagar a passagem e peregrinar até a biblioteca uma vez por semana para pegar livros, audiolivros, revistas, fitas VHS e outros materiais.

Em 2002, quando ingressei na Faculdade de Letras Português-Inglês da Pontifícia Universidade Católica (PUC-MG), eu tinha atingido um nível avançado de inglês sem nunca ter feito intercâmbio. Naquela época, tinha muita vontade de visitar os Estados Unidos. Mas, como a oportunidade para a viagem ainda não estava disponível, resolvi me debruçar no aprendizado do idioma para fazer bonito quando estivesse pronta. O aprendizado do inglês foi a primeira grande utopia que nutri na vida. Utopia essa que segue me movendo e motivando diariamente.

Durante os anos de faculdade e a primeira década e meia de carreira, trabalhei, principalmente, como professora de inglês. Eu nutria o sonho de ser tradutora e intérprete de conferências em tempo integral, porém ainda precisava aprimorar minha habilidade idiomática para fazer um trabalho de qualidade. Quando comecei a me sentir mais confiante como tradutora e intérprete de conferências, o medo me desafiou novamente. Para me firmar nas novas profissões, precisaria abrir uma empresa. Eu tinha plena confiança nas minhas habilidades como tradutora e intérprete de conferências, mas nunca tinha passado pela minha cabeça ser dona de empresa um dia. Os novos vocábulos "empreendedora" e "empreendedorismo" surgiram no meu repertório assim como medos e incertezas passaram a me rondar. Como a *nerd* que sempre fui, encontrei nos estudos um grande aliado para driblar o medo e desenquadrar minha MEI em março de 2020 para fundar a TradPreta.

Em retrospectiva, sei que me tornar empreendedora foi uma das melhores decisões que tomei na vida. Nesses quatro anos de trabalho à frente da TradPreta, tive a oportunidade de acertar, errar, me maravilhar e me frustrar. O aprendizado é fantástico. Eu me sinto estimulada a seguir construindo pontes para possibilitar o entendimento entre pessoas que falam línguas distintas e fazer disso o cerne do meu negócio. Sigo em frente e afronto o medo diariamente.

Em 1996, o filme *Space Jam* foi a motivação para que eu aprendesse inglês e começasse minha atual jornada. Em 2024, após inscrever a TradPreta na Amcham (Câmara de Comércio Brasil-EUA), assumi o desafio de participar da Select USA e fazer minha primeira visita aos EUA. Minha participação na delegação brasileira da Amcham me deu um sentimento de ciclo completo. Eu me explico, querides leitores: meu sonho de pré-adolescente, apesar do medo, sustenta minha jornada empreendedora e me permite realizar negócios.

# 11

# VOCÊ TEM QUE SER FELIZ, SIM SENHORA

Este texto é sobre o que há de mais visceral na vida de uma mulher. Aqui, convido você, a partir de um recorte da minha trajetória, para refletir sobre algo que somos quase que obrigadas a desenvolver em algum momento da vida: a capacidade de nos reerguermos diante de uma rasteira escancarada. Tenho certeza de que você entende bem sobre o que estou falando.

SUZANA RODRÍGUEZ DE DEUS

# Suzana Rodríguez de Deus

Intensa. Apaixonada por viagens, culturas e pessoas. Sempre acompanhada de um livro e de uma fé vívida. Farmacêutica, graduada em Letras, pós-graduada em Gestão de negócios com foco em competências comportamentais, MBA em Marketing e mestre em Propriedade Intelectual. Construiu sua carreira em empresas multinacionais ao longo dos últimos 17 anos. Com isso, teve a oportunidade de viajar o mundo e se conectar, profissional e pessoalmente, com pessoas de várias nacionalidades. Idealizou uma mentoria para aceleração de carreira com foco em liderança, posicionamento e comunicação, e tem ajudado profissionais a alcançarem seus objetivos profissionais de forma estratégica e intencional. Filha do Francisco e da Elizete, e irmã do Renan, suas maiores fontes de inspiração e amor. Tem ao seu lado o marido, cujo amor e apoio são seus constantes encorajamentos.


**Contatos**
suzana@suzanarodriguez.com
Instagram: @_suzanarodriguez

Eu te amo.

Foi a única frase que consegui falar para meu pai, enquanto o nosso carro rodava na pista molhada na curva de uma rodovia em uma manhã fria e chuvosa no dia 29 de agosto de 2001. De um lado, uma ribanceira; do outro, um paredão de rocha. Os segundos seguintes passaram em câmera lenta. No auge da minha arrogância juvenil (sei que você me entende), eu estava afastada de Deus, mas, felizmente, Ele não estava afastado de mim. Encontramos o tal do paredão de rocha – nosso salvador! – nunca simpatizei com abismos mesmo. E calhou de tudo isso acontecer no mesmo dia em que eu completava dezoito anos de idade. Coincidência, né? (bem, eu não acredito nessa fulana aí).

Naquele dia, eu tive, pela primeira vez, a real noção da nossa pequenez frente ao mundo. Você cai. Levanta. Se esborracha de novo. Levanta novamente. Renasce. Assim é a vida: uma cerimônia de ganhos e perdas. E naquele dia, tivemos um belo renascimento.

Escolhi começar por esse episódio, não pelo susto, mas sim porque foi o primeiro momento da minha vida em que tomei um **chacoalhão** (desses que a vida adora dar sem a gente esperar, sabe?) e fiquei cara a cara com algumas verdades difíceis de assumir naquela época. Dali para a frente, eu me tornei um ser humano um pouquinho (bem *inho*) melhor. O que ainda não sabia era que eu tinha muito (!) trabalho pela frente.

Preciso me apresentar para você, mas adianto que o farei de forma breve, porque não quero gastar nosso precioso tempo com essas formalidades – prefiro lhe contar coisas muito mais interessantes.

Prazer! Me chamo Suzana, carioca, farmacêutica, graduada em Letras, louca por viagens, fã do Paulo Gustavo (e quem não é?!), ah! E do Belo também (ai, ai, imagino o que você está pensando agora, mas esta sou eu), além de ser workaholic – mal nos conhecemos e já te contei dois defeitos meus.

Pensei em tantas histórias para compartilhar, já que levei alguns os tropeços da vida, trabalhei com pessoas de todos os cantos do mundo, viajei para tantos países que nunca imaginei conhecer, realizei sonhos... É um tanto difícil falar de nós mesmos, mas escrever, para mim, é traduzir meus sentimentos para que, talvez, eles se comuniquem com os seus. Então, vamos juntas...

Nunca fui uma exímia planejadora e estaria mentindo se dissesse que eu organizei toda a minha carreira intencionalmente. Balela. A verdade é que sempre fui muito dedicada e comprometida. Obcecada em dar o meu melhor e movida por uma vontade enorme de aprender. E os planos? Bem, estes eu fazia em curtíssimo prazo. No comecinho, eu tinha um só: ser farmacêutica e trabalhar na indústria. Era vago assim mesmo; hoje, vejo que estava mais para um sonho do que um plano propriamente dito. **E acredito que sonho seja a coisa mais particular que uma pessoa carrega na vida**.

Foram anos de picos e vales: comecei uma segunda faculdade, nesse ínterim; fui bolsista do CNPQ por dois anos; fui contratada para dar aulas de inglês em uma das maiores redes de idiomas à época – uma felicidade para mim! Quem eu pensava que era para assumir tantas responsabilidades? Hoje, vejo que era um misto de coragem com intensidade (ou insanidade?). Mas a conta chega, fato! Desenvolvi um problema de saúde e, por ordens médicas, fui obrigada a reduzir o ritmo e abandonar alguma atividade da minha rotina. Contrariada, chateada e sob medicamentos, eu me vi obrigada a mudar o caminho que havia escolhido traçar. **Lição aprendida: a vida não espera para que possamos realizar os nossos sonhos.**

Por outro lado, eu fui muito abençoada por receber o apoio da minha família nesse processo. Só que intensidade é meu sobrenome (não me orgulho disso), e entrar para a indústria, ainda como estagiária, enquanto terminava a graduação, tornou-se meu novo objetivo de curto prazo. **A bendita da juventude é habilidosa em nos dar aquilo que nenhum cartão de crédito pode comprar: a ambiciosa vontade de crescer na vida.**

É cansativo pra burro ir atrás dos nossos sonhos. Mas, convenhamos, viver sem eles deixa a vida tão sem graça quanto uma torrada fria.

As duas formaturas vieram. A indústria também. E mais: um casamento de princesa; especializações e a admissão em um mestrado de referência tão desejado; muitas viagens sensacionais mundo afora; tudo isso recheado com saúde, família e amigos excepcionais. Nada mal esse combo, hein?!

Adoraria dizer que tudo isso seguiu na mais perfeita ordem. Mas seria mentira. Acontece que a vida, essa danada, não desacelera um mísero segundo para que possamos absorver os cruzados de direita que recebemos. E aí, muitas vezes, vamos a nocaute. Eu fui. Se você já esteve lá, sabe que passamos por momentos de pouca fé. É como se Deus tivesse se esquecido de nós, dada a enxurrada de impotência que paira sobre as nossas cabeças.

Antes, um combo de puro suco de sucesso. Depois, veio de supetão (mesmo!) outro combo – e esse surrupiou a alegria de cada célula do meu corpo. Ninguém quer ser apedrejada pela vida, mas pelo menos quando podemos ver as pedras zarpando em nossa direção, há algum tempo para esboçar qualquer reação. O perigo dos nocautes inesperados da vida é que eles não nos dão oportunidade nem de ameaçar levantar a guarda, não nos deixam nem respirar profundamente, não nos deixam, sequer, organizar os pensamentos. Covardia.

O efeito dominó começou com um divórcio surpresa. Surpresa sádica, mas, ainda assim, surpresa. Foi nesse momento que eu entendi exatamente a expressão: sentir o chão desaparecer. Na sequência, poucos meses depois, veio uma demissão – também sem feedbacks ou anúncios – o que esse pessoal tem na cabeça para bagunçar a vida dos outros sem ao menos dar um spoiler? Na continuação, tivemos uma crise financeira e a minha renúncia ao meu mestrado (exatamente aquele que eu tanto desejara), tudo isso entremeado a um quadro de depressão.

Acabei de apresentar-lhes o meu fundo do poço. Sei que, agora, você pode estar pensando no seu também, afinal eles, inevitavelmente, aparecem para todos nós em algum dado momento – ainda que não sejam bem-vindos.

Mas, como dizia minha avó, "tudo na vida se ajeita, minha filha". Sábia Dona Juraci, um poço de bom humor, por mais que a vida lhe jogasse dificuldade – e ela fazia isso muito bem. Vovó sabia colocar cada dificuldade no bolso e continuar a caminhada com elas, sempre fazendo piada; por vezes, os alvos eram os vizinhos ou os estranhos que passavam vendendo alguma coisa; outras, os filhos; mas, muitas vezes, o alvo era ela mesma. Quanta leveza! Ria de si mesma e ainda compartilhava as próprias derrotas e descuidos pessoais em tom de graça. Uma guerreira que impedia que as dores do mundo ceifassem sua alegria de viver. Pode acontecer da sua maior lição não vir das aulas do MBA ou daquela super-reunião internacional de que você participou. No auge dos meus recém-completados 40 anos, posso afirmar que o grande aprendizado que carrego na vida é a arte de rir de si mesma e procurar deixar a vida menos engessada. E esse aprendizado veio da escola da maravilhosa Dona Juraci. O que seria de nós, mulheres, sem a nossa ancestralidade? Viva a todas que vieram antes de nós e enfrentaram, cada uma ao seu modo, os desgostos e voadoras da vida.

Um dia após o outro, após o outro, após o outro. Lá se vai o tempo. Requer de nós paciência. O movimento natural da vida faz com que as coisas se ajeitem mesmo. Nem sempre da forma como gostaríamos, é bem verdade, mas, para mim, se ajeitar é sinônimo de deixar a poeira baixar – para, então, sem a nuvem da dor e ansiedade, conseguirmos enxergar para além do nosso umbigo.

Acho muito improvável alguém voltar do fundo do poço exatamente da forma como foi parar lá. **Lição aprendida: não há quem permaneça neutro diante de um sofrimento**. Muito embora eu procure olhar insistentemente o copo cheio, reconheço que há casos, principalmente de luto, em que o sofrimento deixa um rombo de tiro de canhão no peito, daqueles à prova de vida. Apesar da desesperança insistir em sussurrar, a beleza da vida precisa emergir. E ela sempre dá um jeito de se manifestar, como se fosse para dizer: "**Você tem que ser feliz, sim senhora**".

Hoje, eu até sou grata por ter passado por esse desafio, assumo que eu não teria me esforçado tanto para melhorar alguns comportamentos se não tivesse caído tão feio. Lembro-me de uma frase de Carl Jung: "Nenhuma árvore pode crescer até o céu, a menos que suas raízes alcancem o inferno".

As coisas começaram a se ajeitar. É bem nesse momento que conseguimos enxergar as poucas – mas fiéis – pessoas que estiveram ao nosso lado. Ainda bem que elas existem. Honestamente, ouso dizer que sozinha eu não teria sido capaz de me reerguer. **Lição aprendida: parafraseando Hemingway, quem está nas trincheiras ao seu lado importa mais do que a própria guerra**. É bem verdade que não escolhemos as tempestades que enfrentamos, mas podemos decidir os abrigos aos quais recorreremos. Curiosamente, os meus abrigos são exatamente os mesmos ao longo dos anos. Uma vez me falaram que, depois dos 30 não fazemos mais novos amigos (aqueles amigos para o que der e vier, sabe?). Não sei como aconteceu do lado daí, mas, por aqui, essa teoria se confirmou. Enfim...

Graças aos anjos que estavam comigo nessa empreitada, eu terminei o meu mestrado (obrigada, Lu), venci um quadro depressivo (obrigada, Rita) e consegui enxergar a vida voltando a ganhar cor (obrigada, família!). **Eu percebi que a dor é uma amiga valiosa, mas que a fé deve ser uma amiga inseparável**. Até porque, se existe algo garantido nessa vida, é a certeza de que viveremos em altos e baixos, picos e vales. Ora andando nas nuvens, ora pisando no fundo do poço. E, assim, a vida vai acontecendo... Para muitas pessoas, o tempo tem um poder terapêutico, nos ajuda a ter sabedoria e humildade para nos questionar, autoconhecimento para amadurecer – mas eu confesso que amaria ter a cabeça que tenho hoje no meu corpo de 25 anos.

Particularmente, o tempo foi me fazendo ficar mais corajosa, no sentido de cada vez menos dar valor às opiniões alheias. Colocar isso em prática é libertador. Tem gente que vai torcer o nariz, outros vão criticar, mas, no frigir dos ovos, só você vive na sua pele, e, acredite, ninguém vai lutar pelos seus sonhos ou comprar as suas batalhas.

Com o peito cheio dessa coragem, resolvi tirar do papel um projeto muito planejado: dar mentorias para profissionais que desejam dar um passo além em suas carreiras. Liderança, comunicação e posicionamento. Estudo esses temas há uma década e a vontade de continuar pesquisando só aumenta. Desconfio que essa vontade vem da certeza de que profissionais bem-sucedidos não são aqueles cujos currículos são recheados de formações ou idiomas. O perfil de um profissional bem-sucedido passa, indubitavelmente, por um domínio robusto das habilidades de comunicação, bem como um posicionamento estratégico. Eu já contribuía com a carreira de alguns profissionais, mas sentia que deveria fazer isso de forma mais profissional. Entretanto, uma boa virginiana não consegue se permitir fazer algo sem ter a certeza de que tudo sairá perfeito – caso contrário, o que as pessoas vão falar? Eu era ótima em criar desculpas para mim mesma.

Ainda bem que o tempo passou mais um bocado e, com ele, também passou a constante busca pelo ideal de perfeição, assim como a importância dos achismos dos outros. Livre dessas amarras, eu, finalmente, profissionalizei a minha mentoria de carreira, paralelamente à minha carreira executiva. **Lição aprendida: como já dizia Fernando Pessoa, o perfeito é desumano porque o ser humano é imperfeito**.

Toda nova empreitada ou desafio gera certo desconforto. Medo do fracasso. Creio que um pouco desse medo é até benéfico em certa medida. O problema acontece quando o medo nos paralisa. A tal da autossabotagem. É ela quem faz, muitas vezes, nossos sonhos escorregarem pelos nossos dedos feito fita de seda.

A boa notícia é que o poder de frear a autossabotagem está dentro da nossa cabeça. Que nunca nos falte disposição para lidar com ela. É o que eu, sinceramente, desejo a você também.

Sabe, desejo ainda mais, espero que você seja capaz de seguir quando tudo ao seu redor parecer ruir; almejo que você tenha a chance de aprender com as experiências, mas, sobretudo, eu desejo que você esteja aberta a valorizar o simples – o cheiro da chuva na terra molhada, a alegria escapadiça de um momento com os seus, o olhar despreocupado, enquanto aprecia as ondas do mar, e tudo o mais que te der aquele quentinho no coração. Desconfio que essa seja a faísca capaz de acender o poder em uma mulher. E uma mulher que desperta o poder que tem dentro de si é impossível de ser freada.

Que você e eu nunca tenhamos freios.

# 12

# NUNCA IMAGINEI QUE ESTARIA ONDE EU ESTOU HOJE

Vanessa Fraga narra sua jornada de superação, desde uma infância marcada por desafios financeiros e emocionais entre Vigário Geral e Parada de Lucas-RJ até se tornar uma empreendedora de sucesso, palestrante, e ativista em moda circular e sustentável. Com uma história de resiliência, ela destaca a importância do preparo e da força de vontade para alcançar os sonhos, enquanto compartilha lições aprendidas em sua trajetória pessoal e profissional, inspirando outras pessoas a superarem adversidades e a acreditarem no próprio potencial para transformar a realidade ao redor.

VANESSA FRAGA

# Vanessa Fraga

Palestrante, mentora, ativista em moda circular e sustentável e uma empreendedora dedicada e inovadora, com mais de uma década de experiência. Como palestrante, compartilha seu conhecimento sobre empreendedorismo sustentável, moda circular e empoderamento feminino. Reconhecida por seu impacto no setor de moda sustentável, está à frente da Charlotte Brechó, um projeto que une responsabilidade social e ambiental com moda. Criou o movimento "Fashion é ser consciente", em que coleciona *cases* de sucesso, como a transformação de uniformes descartados de grandes multinacionais em novos produtos. Além disso, é membro ativo da Comissão de Direito na Moda da OAB/Niterói, finalista estadual três vezes do Prêmio Mulher de Negócios pelo SEBRAE, e docente voluntária da disciplina Introdução ao Empreendedorismo Sustentável no Programa Mulher Líder da Secretaria da Mulher de Niterói. Também é coautora do livro *3T's para um novo tempo*, que aborda temas sobre transformação, transição e talento.

---

**Contatos**
vanessa.fraga@gmail.com
Instagram: @negocios_vanessafraga
@charlotte_brecho
@fashioneserconsciente
21 99449 8414

# Vanessa Fraga

Sou Vanessa Fraga, mãe de dois meninos, casada, empreendedora, palestrante, mentora, membro da comissão da Moda na OAB de Niterói e empreendedora finalista estadual três vezes do Prêmio Mulher de Negócios pelo SEBRAE. Coautora do livro *3T's para um novo tempo*. Docente voluntária da disciplina de Introdução ao Empreendedorismo Sustentável no Programa Mulher Líder da Secretaria da Mulher de Niterói.

Ativista em prol da moda circular, inclusiva e consciente. Grande motivadora em workshops ligados ao empreendedorismo, contando minha vivência e trocando experiências com outras pessoas que, assim como eu, são uma inspiração e prova de que, ao nos depararmos com adversidades e com objetivos concretos a serem atingidos, o preparo e a força de vontade são imprescindíveis para alcançar nossos sonhos.

Seja você, também, a mudança que deseja ver no mundo.

Vigário Geral e Parada de Lucas nunca imaginaram que aquela menina cheia de problemas ortodônticos iria tão longe. Feia, como me achava à época, por ter mais dentes que o suficiente na boca, eu nunca parei; sempre estive em movimento para alcançar meus sonhos: a pé, de trem, de ônibus, ou como fosse.

Três pontos são preponderantes nesta história: A Porta, O Balde e o Sorriso.

Filha de pais separados, com a violência doméstica como rotina, uma tia fez um puxadinho para minha mãe, eu e minha irmã. Assim, mais próxima da família, seríamos somente nós e todos os parentes no quintal.

Eu já nasci programada no comercial, sabia vender de tudo o que você possa imaginar. Minha mãe fazia faxina e costurava, e com o dinheiro que recebia, comprava batons e maquiagens no Saara, no centro do Rio de Janeiro, e eu revendia para manter aquele dinheiro circulando dentro da nossa família. Para minimizar o custo, fui aprender artesanatos, crochê, pintar panos de pratos e outros. *Ah, Poderosa!* foi uma peça produzida por Vanessa Fraga. Imagine o meu orgulho, vendendo uma produção minha, sabendo que aquele dinheiro serviria para pagar despesas das dívidas comuns no quintal. Ufa!

Mas, de verdade mesmo, o balde era o motivador da minha ganância em produzir mais e vender mais. Andar com o balde pelo quintal com suas necessidades era desesperador.[1] Como sonhava em ter um banheiro lindo, com um lindo espelho para ver um lindo sorriso. Aos 14 anos de idade, eu já contava com um grupo de mulheres que revendiam meus produtos.

Nunca tive quarto, dormia no chão da sala da casa da minha avó, em meio a todos (era muita gente), passando para um lado e para o outro. Quando nos mudamos para o puxadinho, já sentíamos a felicidade em ter só nós três lá dentro. Quando fechava a porta, era um quadrado com tudo junto: camafogãogeladeiraumarmárioeobalde.

Sempre participei de todos grupos da igreja e de pessoas que estavam ensinando alguma coisa. Nunca parei de estudar. Fiz todos os cursos gratuitos, e sempre me destaquei neles. Quando ainda ninguém falava em computador, surgiu um curso e lá

---

1 No Brasil, mais de um 1,3 milhão de casas não têm banheiro. O levantamento é do Instituto Trata Brasil, com base em dados do Instituto Brasileiro de Geografia e Estatística (IBGE). São 4,4 milhões de pessoas vivendo em moradias sem banheiro no país (REPÓRTER BRASIL, 2023).

estava eu. Embora todos achassem aquilo tão distante, eu estava lá, buscando um caminho diferente de todo mundo. Lembra-se da tela cheia de letrinhas verdes? Internet era algo de outro mundo, mas assisti a todas as aulas. Logo, fui convidada para ser monitora e ajudar outros alunos.

Aos 16 anos, já tinha uma experiência incrível. Como camelô, comecei a trabalhar e vi a oportunidade de mudar de vida. Conheci um homem 12 anos mais velho das Forças Armadas e construímos um puxadinho no quintal da família dele, com banheiro e porta da cozinha para o quarto. Aos 17 anos, eu já tinha o cargo de supervisora em uma grande loja de departamentos no Shopping de Madureira. Liderança e vendas na veia. Lá, além de contratar pessoas, também atuava nas estratégias comerciais. Com destaque em informática, comecei a ministrar aulas em uma importante empresa de computadores antes dos 20 anos. Casei-me muito novinha, cheia de sonhos, porém aquela não foi uma história de amor. Logo o príncipe virou sapo, comprometendo, inclusive, o seu caráter. Apesar dessa experiência ruim, conheci, também, muita gente bacana que me ajudou muito: Jeanne, Vanilza, Cris, Fernanda, Cris e Mauricio.[2] Gratidão!

## O Balde, As Portas e o Sorriso: a minha motivação

Sem nenhuma culpa no cartório, com todos os meus compromissos em dia, minha cabeça bem tranquila no travesseiro, arrisquei todas as minhas fichas ao seguir sozinha em uma empresa maior com toda a experiência profissional e de vida naquele momento. Encarei a Barra da Tijuca, como estagiária em uma distribuidora de medicamentos. Lá, encontrei o

2 Vanilza, amiga de infância desde o colégio em Vigário Geral. Jeanne, a mulher de fé que tive o prazer de ter como grande amiga a partir da faculdade. Cris e Fernanda, mulheres que seguraram a minha autoestima para dar aula, quando eu só precisava chorar. Cris e Mauricio, exatamente assim, com o acolhimento desde o emprego na distribuidora de medicamentos, acreditando no meu potencial. Todos meus grandes amigos.

tratamento dentário certo e as condições de que precisava para abrir portas com um sorriso e seguir forte nos estudos.

Naquela época, ainda atuava com informática no setor de TI da distribuidora de medicamentos, mas assumi o risco, apresentando uma estratégia comercial em uma reunião de negócios. Sucesso! Nessa mesma reunião, recebi o convite para atuar em uma multinacional como estagiária com contrato de até dois anos. A missão era arrumar produtos em gôndolas de farmácias. Assim, abri mais uma porta. Comecei tudo de novo.

## Chutar o balde e abrir outras portas

Mas eu precisava mudar de vida, mudar de cidade. Esquecer a decepção no casamento e todo o enredo desse episódio. Naquela empresa multinacional em que aceitei, com sangue nos olhos, o desafio, conheci a Monique, que me ajudou muito nessa saída do Rio de Janeiro, e então, dessa vez, cruzei a poça indo morar em São Gonçalo. Quer saber o melhor da história? Comprei minha primeira casa com dois banheiros e várias portas. Minha Tia Santinha ficou morando comigo por um bom tempo, o que foi muito importante para mim.

Deus não dá aquilo que você não pode carregar. Acredite, você consegue. Não foi fácil, mas eu tinha um grande amigo naquela empresa: Rodrigo Rocha. Ele acompanhou toda minha vida e teve a oportunidade de me conhecer com um lindo **sorriso**. Foi tão lindo que nos casamos e, hoje, temos o maior presente que a vida poderia nos dar: nossos dois filhos, Matheus e Lucas.

Na multinacional, mais uma vez apostei todas as fichas, e fui de estagiária à gerente de grandes contas por quase todo o Brasil. Tive a oportunidade de desenvolver 1.200 colaboradores de uma grande rede de farmácias. Tive oportunidades em outras duas multinacionais e coleciono casos de sucesso em projetos e conquistas de amizades inesquecíveis, como a da Renata.[3]

Com toda experiência de vida e estratégia, busquei mais recursos para ser reconhecida como palestrante e mentora, o que deu supercerto e foi na pandemia que decidi abrir mais uma porta e fechar outra. Você pode abrir e fechar quantas portas quiser. Essa decisão é sua; penso assim.

Na pandemia, mentorei vários empreendedores em um projeto incrível com Marcelo Correa e Jeff Malfort.[4] Assim, conheci a Charlotte Brechó. Com a loja fechada, a dona, que já estava aposentada, decidiu me vender de forma parcelada, já que não sabíamos o que poderia acontecer. Vi a oportunidade de estar mais próxima dos meus filhos e seguir com mentorias e palestras. Assumi o risco, tomando a decisão de sair do emprego na Indústria Farmacêutica italiana. Mais uma vez, chutei o balde.

Somos cinco irmãos, e nos divertíamos muito, trocando e vendendo nossas roupas, brincando de bazar. Isso sempre foi rotina para nós, mas jamais imaginei que seria um grande negócio no futuro. E foi exatamente quando uma costureira me pediu ajuda financeira que eu senti que sempre fiz parte dessa transformação social e precisava atuar de forma forte. Aquela barrinha de crochê que eu fazia no pano de saco, pintava e vendia como pano de prato, já era um sinal do que eu assumiria hoje.

Ao assumir a Charlotte Brechó, aceitei todos os desafios do empreendedorismo feminino, filhos e rotina familiar. Tudo isso que passei foi necessário para viver a moda circular da forma como atuo hoje. Não só vendo roupas usadas, como também gero empregos e renda, por meio da transformação do descarte

3 Renata, iniciamos como estagiárias, dividimos angústias e crescemos profissionalmente juntas.

4 Marcelo Correa e Jeff Malfort, coautores, com Vanessa Fraga, no livro *3Ts para um novo tempo* (2021), atuando juntos no projeto "3Ts Treinamentos".

têxtil. Hoje, Charlote Brechó já demandou mais de seis toneladas de desapegos. Mais de 16 mil pessoas despertaram para a moda consciente, inclusiva e sustentável. Já somos destaque em jornais, revistas e programas de televisão com participação em grandes festivais de moda.

Inclusive, essa minha história nada romantizada ganhou forma, inicialmente, na escrita de Franciene Almeida Pires, em seu trabalho de conclusão de curso (TCC) para o Departamento de Empreendedorismo e Gestão da Universidade Federal Fluminense, cujo título é *Reciclando sonhos: quando empreender é a única solução*. Percebi que sou inspiração para muitas pessoas que pensam não ser possível sonhar. Nas palavras de Franciene, "o presente projeto consiste em um PTE (Produto Tecnológico Educacional) na forma de um Estudo de Caso", cujo cerne trata da história de superação da Vanessa Fraga, "que, apesar de ter vivido uma realidade de escassez e violência, viu por meio dos estudos e da dedicação um meio para realizar seus sonhos de menina: sair da comunidade em que vivia em Vigário Geral" para tornar-se o que, em sua essência, já existia: uma empreendedora de sucesso (PIRES, 2020).

E as multinacionais? Já abri essa porta, novamente, transformando os uniformes descartados em *ecobags* e, também, palestrando e ministrando oficinas no Brasil e no mundo.

## De Vigário Geral para onde eu quiser

Você é Linda e Poderosa! Pode abrir o Sorriso, chutar o balde e abrir quantas Portas você quiser.

Não deixe que decidam por você.

Você é o que acredita ser. Exatamente assim: o que você acredita ser.

Incentivar pessoas sempre me motivou.

Gratidão a todas aquelas que, de alguma forma, fizeram parte da minha história, pois, hoje, pude decidir quem eu **sou**.

## Referências

PIRES, F. A. *Reciclando sonhos*: quando empreender é a única solução, 2022. Disponível em: https://empreendedorismonoensinomedio.uff.br/wp-content/uploads/sites/608/2024/04/T6_Franciene-Almeida-Pires_Caso_de_ensino.pdf. Acesso em: 20 ago. 2024.

REPÓRTER BRASIL. Saneamento: 1,3 milhão de casas brasileiras ainda não têm banheiro. *TVBrasil*, 16 nov. 2023. Disponível em: https://tvbrasil.ebc.com.br/reporter-brasil/2023/11/saneamento-13-milhao-de-casas-brasileiras-ainda-nao-tem-banheiro. Acesso em: 20 ago. 2024.